옛날 이야기 이란어로 읽기

김영연

1945
문예림

지은이 김 영연

현 한국외국어대학교 동양어대학 이란어과 교수

비교문학(구비문학)전공

역, 저서: '땅의 저주', '집도 없이 태양도 없이', '세계 민담 전집(이란편)', '사면', '여행 필수 이란어 회화', '초보자를 위한 이란어 읽기', '영화로 배우는 이란어', '알기 쉬운 이란(페르시아)어 쓰기', '한국어 이란(페르시아)어 사전'

주요 논문: '한국에 수용된 천일야화 연구' 등 다수

옛날 이야기 이란어로 읽기

초판 인쇄 | 2011 년 2 월 20 일
초판 발행 | 2011 년 2 월 28 일
지은이 | 김영연
발행인 | 서덕일
발행처 | 도서출판 문예림
등 록 | 1962.7.12 제 2-110 호
주 소 | 서울시 광진구 군자동 1-13 문예하우스 101 호
전 화 | 02-499-1281
팩 스 | 02-499-1283
ISBN 978-89-7482-571-3
저자와 협의에 의해 인지를 생략합니다.
잘못된 책이나 파본은 구입처에서 교환해 드립니다.
★ 이 책은 2010 년도 한국외국어대학교 교내학술연구비의 지원에 의하여 이루어진 것임

머리말

옛날이야기는 말을 배우면서 접하게 되기 시작한다. 누구나 어린 시절에 들었던 이야기 한. 두 편은 성인이 된 지금도 생생하게 기억하고 있다. 이야기는 사람이 살아가는 이야기이고, 이야기와 함께 성장한다.

어느 민족이나 나름대로의 이야기를 전하고 있다. 이란에는 예부터 이야기 문학이 발달되었다. 특히 중동의 설화문학하면 일단 '천일야화'가 떠오를 것이다. '천일야화'의 문학적 전개상 이란(페르시아)은 기상천외한 이야기를 첨가시킨 나라이다. 그만큼 이야기의 소재와 형식이 다양하다. 이야기꾼을 두어 대중의 오락을 담당하였고, 오늘에 이르러서는 구연자가 전통적인 화술로 이란의 신화와 전설을 새로운 세대에게 전하고 있다.

본서는 외국어를 배워가는 과정에서 그 나라 민족의 정신과 감성을 설화로 공감하여 언어를 교육한다는 것에 목표를 두었다. 설화는 가장 대중성을 가지고 있으며 역사와 더불어 그 나라의 문화를 잉태시킨 장르이기 때문에 이란의 얼을 본질적으로 이해할 수 있다고 판단되어 구상하게 되었다.

본서의 구성은 제목에서 의미하듯이 주로 세계성과 역사성을 가지고 있는 설화, '옛날이야기'를 택하여 제 1 부에는 이란의 옛날이야기(qesse) 15 화와 속담과 숙어(tamsil)가 된 5 화로 총 20 화, 제 2 부에는 한국어를 이란어로 표현할 경우 이란어다운 구사력을 높이기 위해서 한국에서 보편적으로 잘 알려진 10 화를 포함시켰다. 그리고 제 1 부 이란의 옛날이야기들에는 단어와 문법요소를 간략하게 주석으로 달아 매 쪽마다 설명해 주었다.

전공자는 물론 관심 있는 독학자를 위해 부록에서 이란의 이야기들을 한국어로 번역해 놓았다. 번역을 하는 과정은 전적으로 의역을 시도하지 않았다. 그 이유는 본서가 이란어를 배우기 위한 서적인 만큼 스스로 직역의 과정을 거쳐 우리글에 맞는 의역의 단계를 넘기 위해 문법요소에 준한 번역의 수준을 정하여 다소 문장의 흐름이 자연스럽지 못한 부분도 있다. 그러나 완전한 의역은 오히려 문법을 익히는데 걸림이 될 수도 있다는 점에서 직역에 비중을 두고 구성하였기 때문에 그 의도를 참작하여 연습하기 바란다. 또한 본서가 이란어를 습득하는데 다소나마 도움이 된다면 저자로서 더 이상 바랄 것이 없겠다.

끝으로 외국어에 관심을 가지고 출판을 허락해 주신 문예림의 서 덕일 사장님께 감사드린다. 본서에서 있는 착오와 잘못은 지은이의 책임임을 밝혀 둔다.

2011. 1

지은이

목차

제 1부

게으름뱅이와 행운

شانش و مرد تنبل

مرد تنبلی بود که از جا جنب نمی خورد[1] و کار نمی کرد، یک روز با خودش گفت که همه، اسب سوارند[2] و صاحب مال و منال[3] هستند، چرا شانس من خوابیده است؟

بهتر است که بروم دنبال شانس خوردم.

توی راه با پلنگ بیماری رو به رو شد[4]. پلنگ پرسید :

((عمو جان[5]، کجا؟))

مرد گفت :

((به دنبال شانس خودم.))

پلنگ گفت :

((وقتی به مقصد رسیدی. از شانس من هم بپرس که چرا این جوری مریض و بی حال هستم.))

مرد گفت : ((چشم)) و راه افتاد.

جلوتر[6] به گاوی رسید که خیلی لاغر شده بود و مشتی استخوان[7] بیشتر نبود.

گاو پرسید :

((عمو جان، کجا؟))

---

[1] [jonb khordan] 움직이다
[2] سوار اسب هستند
[3] [māl va manāl] 부, 재산
[4] 마주하다
[5] 여보게, 남자를 친근하게 부를 때 사용함
[6] 좀 더 나아가
[7] 한 주먹의 뼈

مرد گفت :

((به دنبال شانس خودم.))

گاو گفت :

((وقتی رسیدی از شانس من هم بپرس که چرا این جوری مریض و مردنی هستم.))

مرد گفت : ((به چشم)) و راه افتاد.

جلوتر به چشمه ای رسید. مشتی آب خورد و درختی را کنار چشمه دید که تنه اش سبز و شاخه هایش خشک است. درخت پرسید :

((عمو جان، کجا؟))

مرد گفت : ((به دنبال شانس خودم.))

درخت گفت :

((وقتی رسیدی، از شانس من هم بپرس که چرا این جوری شاخه هایم خشک و بی حاصل[8] شده!))

مرد گفت : ((به چشم)) و راه افتاد، رفت و رفت تا به بالای کوهی رسید که شانس های همه ی موجودات[9]، آن جا بودند. اول، شانس خودش را بیدار کرد. شانس گفت :

((حرکت کن[10] که بیدار شدم.))

بعد، شانس درخت را بیدار کرد و درباره خشکی و بی حاصلی درخت سؤال کرد. شانس درخت گفت :

((پای درخت، خمره[11] پر از سکه چال شده است[12] که هر کس بردارد، خودش

ثروتمند و درخت، سرسبز و پرشاخ و برگ می شود.))

شانس گاو هم گفت :

((اگر آدم مهربانی پیدا شود و به گاو آب و علف بدهد، دوباره گاو، چاق و چله[13] و پستانش پر از شیر می شود.))

مرد، خوشحال و خندان راه رفته[14] را برگشت. آمد و آمد تا به درخت رسید. درخت پرسید :

((شانس مرا دیدی؟))

مرد گفت : ((شانس تو بیدار شد و گفت که خمره ای پر از سکه زیر پایت چال شده است. که هر کس بردارد، خودش ثروتمند می شود و تو را هم از نو[15]، جوان و زنده می سازد.))

درخت گفت :

((پس چرا خمره را بر نمی داری؟))

مرد گفت :

((شانس من بیدار شده، دیگر به خمره ی سکه نیاز ندارم.))

هر چه[16] درخت التماس کرد، مرد نشنیده گرفت[17] و رفت تا به گاو رسید. از زبان شانس گاو هم هر چه[18] شنیده بود، بازگو کرد. و هرچه[19] گاو التماس کرد که : ((آب و علفم بده، صاحبم بشو))، قبول نکرده و راه افتاد. آمد و آمد تا رسید به پلنگ. پلنگ گفت :

---

[11] 큰 항아리
[12] 묻혀 있다
[13] [chālq o chelle] 살찐, 통통한
[14] [rāh e rafte] 갔던 길
[15] 다시, 새롭게
[16] 아무리 …해도
[17] 듣지 않고
[18] 모든 것
[19] 아무리 …해도

((شانس مرا هم دیدی؟))

مرد گفت :

((شانس تو بیدار شد و گفت که اگر مغز آدم دیوانه ای را بخوری، خوب می

شوی.))

پلنگ گفت :

((توی راه دیگر چه دیدی؟))

مرد آن چه را دیده و شنیده بود[20]، برای پلنگ بازگو کرد.

پلنگ پرسید :

((چرا خمره را برنداشتی و گاو را صاحب نشدی؟))

مرد گفت :

((شانس که بیدار شد، دیگر چه نیازی به خمره ی سکه و گاو و گوسفند هست؟))

پلنگ گفت :

((از تو دیوانه تر کسی نیست.))

در جا او را کشت و مغزش را خورد و خودش را درمان کرد.

---

[20] آن چه را که دیده و شنیده بود 즉, 그가 듣고 본 것을 모두

구두 깁는 남자

مرد کفش دوز

در گذشته های دور، مرد کفش دوزی بود که درآمد زیادی نداشت و هر چه کار می کرد پول زیادی نصیب او[1] نمی شد. زن او همیشه غرولند می کرد[2] که این چه زندگی است که تو داری؟ از صبح تا شب کفش وصله می کنی[3] ولی چند پول سیاه[4] بیش تر به دست نمی آوری. باید پول بیش تری دربیاوری. مرد هم هرچه قدر تلاش می کرد درآمدش بیش تر نمی شد. بالاخره وقتی که واقعا کلافه شده بود[5]، با خود گفت :

((دیگر از دست این زندگی خسته شده ام. باید به جایی بروم که فقیری نباشد.))

راهش را گرفت و رفت رفت تا رسید به دو راهی، مرد کفش دوز در کنار کوهی پیرمردی را دید. پیرمرد از او احوالش را جویا شد[6]. مرد هم به او گفت :

((از غرغرها ی زنم خسته شده ام و می خواهم به جایی بروم که فقیر نباشد.))

پیرمرد به او گفت :

((این راه را می گیری تا می رسی به جایی که یک زنگی سیاه[7] نشسته است. تو پیش او برو. با احترام سلام کن و مشکل خود را به او بگو. آن زنگی به تو کمک می کند.))

---

[1] [nasib e u] 그의 배당, 그의 몫
[2] [ghor o lond kardan] 투덜거리다, 불평을 늘어놓다
[3] [vale kardan] 헝겊을 대고 깁다, 수선하다
[4] بسیار کم ارزش 매우 적은 량의 돈
[5] کلافه شدن 질식하다, 숨막히다, 당황하게 되다
[6] [juyā shodan] 묻다, 조사하다
[7] 여기서는 한 흑인 혹은 피부가 검은 사람을 의미함

مرد کفش دوز به همان طرف رفت و در آن جا زنگی سیاهی را دید. با احترام جلو

رفت و سلام کرد و زنگی به او جواب داد و پرسید که برای چه آمدی؟ مرد هم

ماجرا را از سیر تا پیاز[8] برای او تعریف کرد. زنگی نیز به او گفت :

((خوب پس صبر کن تا من برای مشکل تو چاره ای بیابم.))

زنگی به او گفت :

((در پایین کوه شهری است. تو آن جا برو، در آن شهر هیچ فقیری وجود ندارد.

همه پولدار و تاجرند[9].))

مرد نیز از زنگی خداحافظی کرد و به راه افتاد و به همان جایی رسید که زنگی گفته

بود. دید شهری بسیار زیباست. همین که وارد شهر شد، بچه ها دور او را گرفتند و

با دیدن لباس های پاره ی او شروع کردند به دور او چرخیدن و فریاد زدن که یک

فقیر آمده است. در این وقت مردی او را دید، بچه ها را پراکنده کرد و به مرد گفت :

((به خانه ی من بیا ببینم چه شده است؟ شاید بتوانم برایت کاری بکنم. اصلا[10] چرا

به این حال افتاده ای؟ و چرا حال و روزت این طور است؟ از کجا آمده ای؟))

مرد گفت :

((من دنبال جایی می گردم که فقیر نباشد.))

آن مرد به کفش دوز گفت :

((خوب، من فردا لباس های تمیز و پاکیزه به تن تو می کنم و سعی می کنم مشکل

تو را حل کنم.))

مرد پولدار، کفش دوز را لباس های نو پوشاند و یک کیسه پول و اسب زیبایی با

---

[8] 모두, 전부

[9] تاجر اند 그들은 상인들이다

[10] [aslan]전적으로. 총체적으로. 원천적으로

زین و یراق[11] قشنگ به او داد. بعد به مرد کفش دوز گفت :

((تو فردا از بیرون وارد شهر می شوی و من نیز در شهر جار می زنم که   پسر برادرم که بسیار ثروتمند است و از بازرگانان معروف هند است می آید. همه آنها به استقبال[12] تو خواهند آمد و تو به محض وارد شدن، خودت را به پای من بینداز و فغان و ناله[13] سر بده[14] و من مرتب از حال برادرم و وضعیت تو سؤال می کنم و تو جواب بده.))

فردا صبح همه ی افرادی را که مرد بازرگان دعوت کرده بود به استقبال کفش دوز سابق[15] رفتند و او نیز مطابق[16] گفته بازرگان عمل کرد و او نیز مرتب از کیسه اش پول پخش می کرد. مرد تاجر به او گفت :

((تا به خانه می رسی یک سکه نگذاز[17] در کیسه ات باشد.))

القصه[18]، مرد کفش دوز که حال، احمد نام گرفته بود، هر روز پیش یک تاجر   می رفت و می گفت :

((کشتی های من در راه هستند. حالا به دو هزار تومان احتیاج دارم. هر موقع کالاهای من رسید قرض تو را می دهم.))

و بدین ترتیب از نفر بعدی و از بیش تر تجار شهر با این وسیله پول قرض کرد. مرد کفش دوز نیز مرتباً[19] ولخرجی و بذل و بخشش[20] می نمود.

مدتی بعد که این ماجرا به گوش پادشاه او رسید او هم یک شب تجار را دعوت کرد.

---

[11] [yarāq] 마구(馬具)
[12] [esteqbāl] 마중함, 환영함, 접대
[13] [fe(a)ghān va nale] 울부짖음, 탄식
[14] 착수하다, 몰두하다
[15] 이전의, 전에
[16] 일치하는, 같은, 같이
[17] 조동사로 허락하지 마라라는 의미임
[18] [al qesse] 요약하면, 그리하여
[19] [morataban] 연속적으로, 이런 순서로, 이리하여
[20] [valkharji va bazl va bakhshesh] 돈 씀씀이가 크고 관대한

به مرد بازرگان گفت :

((فردا پسر برادر خود را بیاور.))

وقتی همه آمدند پادشاه از اوضاع و احوال او پرسید. مرد هم شروع کرد به دروغ بافتن که من ده ها کشتی پر از کالا دارم. چند کاروان شتر[21] دارم. چقدر خدم و حشم[22] و کنیز و غلام دارم. و... القصه، پادشاه بعد از شنیدن حرف های مرد، رو به وزیرش کرد و گفت :

((ای وزیر! این مرد با این همه ثروت چه هدیه ای لایق[23] اوست که به او بدهم؟ او که همه چیز دارد.))

وزیر گفت :

((خوب است دخترت را به او بدهی.))

پادشاه گفت :

((برای این کار مجلسی بهتر از حالا نیست!))

پادشاه رو به تجار کرد و گفت :

((من میخواهم دخترم را به ملک احمد بدهم.))

مرد بازرگان دید واقعاً کار دارد خراب می شود ولی جرأت نکرد بگوید این مرد پسر برادر من نیست. خلاصه، دختر را به عقد او درآوردند.

مدتی گذشت. یک ماه و دو ماه و شش ماه ولی هیچ خبری از کالاها و کشتی های او نشد. در این وقت تعدادی از تجار به نزد ملکه رفتند و ماجرا را برای او تعریف کردند که :

((از همه آن ها پول قرض کرده و گفته است به محض این که کالاهای من بیاید،

---

²¹ 대상을 할 수 있는 낙타
²² [khadam va hashm] 왕이나 귀족을 수행하는 수행원
²³ 적당한, 일치하는

قرض شما را می دهم ولی تا به حال هیچ چیزی نشده است. ما هم پولمان را می خواهیم ولی جرأت نمی کنیم به او حرفی بزنیم. زیرا حالا دیگر داماد پادشاه شده است.))

ملکه گفت :

((من با دخترم حرف می زنم تا او نیز با شوهرش صحبت کند و ته و توی قضیه[24] را در آورد[25].))

مادر دختر نیز قضیه را با او در میان گذاشت. دختر هم که شب شوهرش بازگشت گفت :

((پس آن و عده های تو چه شد؟ کالاها و مال التجاره[26] ای که آن همه از آن صحبت می کردی بگو ببینم چه شده است؟))

مرد به او گفت :

((آخر تو از یک کفش دوز چه انتظاری داری؟))

دختر به او گفت :

((پس همه ی حرف هایی که می زدی دروغ بود؟ خوب. حالا هم دیر نشده است. من یک اسب به تو می دهم تا از شهر بیرون بروی!))

چند روزی که گذشت اطرافیان دختر از او پرسیدند که ملکه احمد کجا رفته است. دختر هم جواب داد که شوهرش رفته است به دنبال کشتی های کالا. پادشاه به دخترش گفت :

((چرا ما را خبر نکردی؟))

دختر گفت :

---

[24] [tah o tu ye qaziye] 문제나 사건의 핵심
[25] [āvarad] be가 생략되었음.
[26] [māl ot tejāre] 상품

((ملک احمد می خواست خودش به تنهایی این کار را انجام دهد.))

آز آن طرف بشنوید از ملک احمد. رفت و رفت تا بعد از ده دوازده روز آذوقه اش[27]

تمام شد. نزدیک روستایی رسید و دیدی[28] پیر مردی در حال شخم زدن است.

به پیرمرد گفت :

((پدر من گرسنه هستم.))

پیرمرد گفت :

((فعلاً من چیزی ندارم. صبر کن تا موقع شام تو را به خانه ببرم تا غذا بخوری.))

مرد گفت :

((من خیلی گرسنه هستم و تحمل ندارم. این یک سکه ی طلا را بگیر و از روستا

برایم غذا بخر و بیاور. من به جای تو شخم می زنم تا تو برگردی.))

پیرمرد قبول کرد و به راه افتاد. مرد در حال شخم زدن بود که تیغه ی خیش[29] به

زنجیر در زیر خاک گیر کرد. مرد، زنجیر را گرفت و کشید. دریچه ای باز شد.

پایین دریچه پله بود و سرداب[30] او پایین رفت و دید صندوقی روی تخت است.

صندوق را باز کرد، دید صندوقچه ی کوچکی داخل آن است. آن را باز کرد، دید

داخل آن انگشتری است. انگشتر را به انگشت خود کرد و تا دستش را به عقیق[31]

انگشتر زد، ناگهان دو نره دیو جلوی او ظاهر شدند و گفتند :

((امر بفرما و بگو چکار برایت بکنیم؟ کجا را خراب کنیم؟! چه چیز برایت حاضر

نماییم؟))

مرد کفش دوز گفت :

---

[27] [āzuqe] 예비양식, 음식
[28] ی 는 운률상 첨가되어 주어는 3인칭 단수임.
[29] [tighe ye khish] 쟁기의 칼날
[30] بود 가 생략되어, '지하실도 있었다'
[31] 마노(瑪瑙), 단백석

((صد خیمه ی زرنگار[32] که در پیش هر کدام یک کنیز و یک غلام باشد.))

ناگهان پشت سر خود را نگاه کرد، دید صد خیمه[33] با نوکران آماده به خدمت در مقابل اوست. مرد کفش دوز گفت :

((پنجاه کشتی پر از مال التجاره روی دریا می خواهم. علاوه بر آن صد شتر نیز می خواهم.))

در این وقت پیرمرد آمد و مرد به او گفت :

((مزرعه ات چقدر محصول دارد؟))

پیرمرد گفت :

((پنجاه سکه ی طلا.))

مرد گفت :

((این پانصد سکه ی طلا، مزرعه هم مال خودت. چون خیمه و خرگاه[34] من قداری از آن را خراب کرده، مرا دیگر حلال کن[35].))

مرد نیز او را دعا کرد. القصه، خیمه و خرگاه[36] را جمع کردند و به راه افتادند.

نامه ای نوشت و به دست نوکرش داد و به گفت :

((یک راست به نزد زنم می روی و به او می گویی که تمام مال التجاره و اموال خود را پس گرفته ام.))

نوکر به راه افتاد تا خبر را برساند. خبر که به پادشاه رسید، همه با تاجران به پیشواز او آمدند و قافله ای[37] با یک صد شتر و یک صد خیمه و نوکر آمدند و پادشاه

---

³² 황금으로 장식한
³³ 천막
³⁴ [khar gāh] 큰 천막
³⁵ 용서하다
³⁶ 천막
³⁷ [qāfele] 대상

گفت :

((کشتی هایت کجاست؟))

گفت :

((در دریا هستند و دارند می آیند.))

آن گاه جوان آن تاجری را که خود را عموی او گفته بود، پیش خواند و به او ده شتر

و ده خیمه همراه با کنیز و نوکر داد. بعد گفت :

((فردا یک کشتی مال التجاره از بین کشتی ها انتخاب کن، به خاطر بزرگواری[38]

ای که در حق من نمودی.))

بعد دوباره دست به انگشتر خود زد و ناگهان دیو حاضر شد. به دیو گفت :

((تو به خانه ی من در فلان شهر می روی و زنم را هنگام خواب طوری می آوری

که بیدار نشود.))

دیو در یک چشم برهم زدن زن او را آورد به طوری که هنوز بیدار نشده بود. به

کنیزها دستور داد که او را به حمام ببرند و لباس زیبا به تن او بکنند. بعد مرد به او

گفت :

((ای زن! اگر از دهانت درآید که من شوهرت هستم و پادشاه بفهمد وای به حالت!

من دیگر داماد پادشاه هستم و نامم ملک احمد است. تو هم این جا بنشین و راحت

باش و زندگی بکن و السلام.))

대머리와 공주님

کچل و دختر پادشاه

روزی بود، روزگار. پادشاهی دختری داشت که شهره ی آفاق[1] بود و هر چه خواستگار برایش می آمد، آن قدر مشکل پیش پایش گذاشت که خواستگار دمش را بگذارد روی کولش[2] و دست از پا درازتر[3] برگردد.

یک روز کچلی، پنج تا نان گذاشت لای بقچه[4] و راه افتاد که برود خواستگاری دختر. همین طور که می رفت، به جنگلی رسید. دید وسط جنگل دیوی نشسته و طوری دندان هایش را به هم فشار می دهد که انگار چند روز است چیزی نخورده.

پیش خودش گفت :

((این حیوان گرسنه است. خوب است این نان ها را به او بدهم.))

کچل بقچه ی نانش را به دیو داد و خواست برود که دیو رو کرد به کچل و گفت :

((ای کچل، نرو. یکی از موهای مرا بکن[5] و برو.))

کچل گفت :

((موی تو به چه درد من می خورد[6]؟))

دیو گفت :

((بالاخره یک روز به کارت می آید.[7]))

---

[1] [shohre ye āfāq] 세상에 널리 알려진
[2] دم خود را روی کول گذاشتن 몰래 멀리 도망쳐가다
[3] 힘없이 돌아가다
[4] 주머니 안에
[5] [be kan]
[6] ...에게 도움 ...به درد...خوردن 에게 유용하다
[7] به کار آمدن 소용이 되다

کچل یک تار مو از دیو کند و راه افتاد. همین طور که می رفت، به سر چشمه ای رسید. دید دیو دومی سر چشمه نشسته و از سرما می لرزد.[8] طوری دندان هایش به هم می خورد[9] که انگار چله زمستان است.[10] کچل پیش خودش گفت :

((این حیوان سردش است. خوب است کتم را دربیاورم[11] و روی شانه اش بیندازم.[12] این بیشتر از من سردش شده.))

کچل کتش را درآورد و روی دیو انداخت و خواست برود که دیو گفت :

((ای جوان، نرو. یکی از موهای مرا بکن و با خودت ببر.))

کچل گفت :

((آخر موی تو به چه درد من می خورد؟))

دیو گفت :

((حالا تو موی مرا ببر، روزی به کارت می آید.))

کچل هم یکی از موهای دیو را کند و به راه افتاد. رفت تا به رودخانه ای رسید. دید یک ردیف[13] مورچه، همین طور پشت سرهم[14]، یکی یکی توی آب می افتند و خفه می شوند[15]. کچل چوب بلندی برداشت و پیش پای مورچه ها پلی درست کرد. می خواست برود که صدایی شنید. دید پشت گوشش مورچه ای هست. مورچه گفت :

((ای جوان. یکی از موهای مرا بکن و برو.))

کچل گفت :

((موی تو به چه درد من می خورد؟))

₈ لرزیدن 떨다, 흔들리다
₉ **بهم خوردن** 서로 부딪히다, 서로 충돌하다, 여기서는 이를 악물고 있었다
₁₀ 마치 겨울동지인 것 처럼
₁₁ 벗다
₁₂ 어깨에 걸쳐 주는 것이
₁₃ 행렬, 줄
₁₄ 연속적으로, 계속해서
₁₅ 익사하다, 질식하다

مورچه گفت :

((من پادشاه مورچه ها هستم. (در عوض)[16] این خوبی که تو در حق ما[17] کردی،

شاید روزی کمکی هم از دست ما ساخته باشد[18].))

کچل هم موی مورچه را لای دستمالش[19] گذاشت، کنار موی دیوها، و به راه افتاد.

رفت و رفت و رفت، تا رسید به قصر پادشاه. در زد و کسی آمد دم در[20] و پرسید :

((ای جوان، چه کاری داری؟))

کچل گفت :

((آمده ام دختر شاه را خواستگاری کنم.))

پرسید :

((برای چه کسی؟))

کچل گفت :

((خوب معلوم است، برای خودم.))

مرد رفت و خبر به پادشاه داد :

((پادشاه به سلامت باد[21]. کچلی آمده دم در قصر و می گوید می خواهم از پادشاه،

دخترش را خواستگاری کنم.))

پادشاه گفت :

((بروید حمام را آماده کنید و کچل را توی حمام بیندازید.))

حالا از کجا بشنو[22]، از پادشاه که دستور داده بود حمامی ساخته بودند و آن را هفت

---

¹⁶ 원문대로 옮겼음.
¹⁷ 여기서는 '우리들의 권리를 찾아 주었다'라는 의미
¹⁸ 우리들이 도움을 줄 날이 있을 것이다
¹⁹ 그의 손수건 안에
²⁰ [dam e dar] 문으로
²¹ بودن 동사의 기원형
²² 이야기를 연결하기 위한 화자(話者)의 말로, 자 이제 어디부터 들려줄까요

شب و هفت روز گرم می کرد و هر کس به خواستگاری دخترش می آمد، او را می

فرستاد به این حمام، کسی همی[23] زنده از این حمام بر نمی گشت.

کچل را راهنمایی کردند و در حمام را نشانش دادند و گفتند :

((اگر دختر پادشاه را می خواهی اول باید در اینجا حمام بگیری.))

کچل نزدیکتر که شد دید نخیر. آدمیزاد از اینجا زنده برنمی گردد. دیوارهای حمام

از گرما سرخ شده بود و خزینه[24] از آب جوش[25] پر بود و قل قل می کرد. یک

دفعه یاد دیو دومی افتاد. موی دیو را آتش زد و به یک   چشم برهم زدن[26]، دیو

حاضر شد که ای جوان چه امر و فرمایشی داشتی؟ کچل، حمام را نشان داد و حال و

حکایتش را گفت. دیو گفت :

((نگران نباش.))

و نفس عمیقی کشید[27] و تمام گرمای حمام را توی سینه اش کشید و حمام سرد شد.

صبح شد و آمدند و در حمام را باز کردند، دیدند کچل رفته وسط خزینه و   حمام،

انگار شده سرد خانه[28] .

رفتند و خبر به پادشاه بردند. پادشاه گفت :

((اشکالی ندارد. بروید و با سیصد کیلو برنج و سیصد کیلو گوشت، غذایی درست

کنید و بدهید همه اش را بخورد. وگرنه[29] سرش را بدنش جدا می کنیم.))

آمدند و شرط را به کچل گفتند. کچل دستش را برد به سر کچلش و   همین طور که

سرش را می خاراند[30]، یاد دیو اولی افتاد. موی دیو را از لای دستمال درآورد و به

---

[23] هم 인데 구어상 ی 가 삽입되어, 여기서의 의미는 '누구도'임.
[24] 전통적인 목욕탕의 욕조
[25] [āb e jush] 끓는 물
[26] 눈 깜짝할 동안(사이)
[27] 깊은 숨을 쉬다
[28] 추운 곳. 냉장실. 냉동창고
[29] 그렇지 않으면
[30] 긁다

آتش اجاق گرفت. در یک چشم به هم زدن دیو حاضر شد. غذاها را حاضر و آماده، گذاشته بودند توی سیصد تا سینی و ردیف هم چیده بودند. دیو، غذاها را خورد و یک لیوان آب هم رویش[31]. خبر به پادشاه بردند که پادشاه به سلامت[32]، کچل همه ی غذاها را خورده و یک دانه برنج هم باقی نگذاشته.

پادشاه گفت:

((خب، کاری می کنم که این بار جان سالم به در نبرد[33]. سه خروار[34] گندم و سه خروار جو و سه خروار عدس را باهم قاتی کنید. اگر تا صبح این سه را از هم جدا کرد، طوری که عدس یک طرف باشد و جو یک طرف و گندم هم یک طرف، که هیچ[35]، وگرنه سرش را از بدنش جدا می کنیم.))

آمدند و شرط سوم را به کچل گفتند. کچل دید که کار، کار او نیست. یک دفعه یاد پادشاه مورچه ها افتاد. موی مورچه را از دستمال درآورد و آتش زد که به یک چشم برهم زدن مورچه ها حاضر شدند و گفتند :

((ای جوان! چه کاری از دست ما ساخته است؟))

کچل، گندم و جو و عدس ها را نشان داد و گفت :

((پادشاه گفته اگر اینها تا صبح از هم جدا شدند که هیچ، وگرنه سرم را از بدنم جدا می کند.))

شاه مورچه ها گفت :

((ای جوان! تو استراحت کن و نگران نباش، این با ما!))

کچل سرش را گذاشت که بخوابد، دید پادشاه مورچه ها آمد پشت گوشش و گفت :

---

³¹ 음식을 먹은 다음에 물을 마셨다
³² 왕에게 붙이는 존경의 기원구
³³ به در بردن 구제하다, 도와주다
³⁴ [kharvār] 중량의 단위로 약 300kg에 해당
³⁵ 여기서는 아무 일이 없는 것이고

((اگر امر دیگری نیست، ما مرخص شویم.))

کچل بلند شد و دید همان طور که شاه خواسته بود، گندم یک طرف و جو یک طرف و عدس یک طرف، طوری از هم جدا شده اند که یک دانه هم این طرف و آن طرف نشده. کچل از مورچه ها تشکر کرد و آنها رفتند.

کچل رفت به قصر و گفت :

((پادشاه به سلامت! این هم از شرط سوم. دیگر چه امری هست؟))

پادشاه دید کچل از عهده ی شرط سوم هم برآمده و به صبح نکشیده، همه را از هم جدا کرده. گفت :

((دیگر جایز نیست[36] شرط دیگری بگذارم. تقدیر[37] این است که دختر مال تو باشد. ای جوان! فقط این را بدان که دیو زرد، عاشق دختر من شده است.))

کچل دختر را برداشت و به راه افتادند. همین طور که می رفتند دیو زرد، حالا از کجا خبردار شده بود، با اسب سه پا آمد و دست و پای کچل را گرفت و انداخت توی چاه. کچل دید چاه پر مرده است. زود رفت و زیر بقیه[38] ی مرده ها خودش را قایم کرد[39]. دیو هم خنجرش[40] را دراز کرد و شکم مرده رویی را پاره کرد، به خیال این که کچل را کشته، بعد هم دست دختر را گرفت و برد به قصر خودش.

چند روزی گذشت و کچل به هر زحمتی بود، از چاه در آمد. آمد و آمد، تا به قصر دیو زرد رسید. دید دختر از پنجره نگاه می کند. دختر، کچل را که دید خیلی خوشحال شد و گفت :

((ای کچل! مگر تو نمرده بودی؟))

کچل گفت :

((حال و حکایتش بماند برای بعد. من باید بروم. الان دیو می آید و مرا که ببیند، هم تو را می کشد و هم مرا. فقط امشب از دیو بپرس که این اسب سه پا را از کجا آورده است.))

کچل این را گفت و رفت. کمی بعد، دیو زرد آمد پیش دختر.

دختر پرسید :

((ای دیو! تو این اسب سه پا را از کجا آورده ای؟))

دیو گفت :

((آخر تو چه کار به این کارها داری؟))

دختر گفت :

((یا به من بگو این اسب را از کجا آورده ای، یا[41] من خودم را می کشم.))

دیو گفت :

((خوب گوش کن. من رفتم و کنار دریا جو ریختم. جو سبز شد و اسب سه پا که آمد سبزه ها را بخورد، کمندم را انداختم[42] و گرفتمش. ولی مادر این اسب، شش پا دارد و گرفتنش به این آسانی نیست. این اسب سه پا از مادرش تندتر می رود و تیزتر[43] است. اما اگر مادرش برگردد و شیهه ای بکشد[44]، هر کس بر روی اسب سه پا باشد، اسب به زمینش می زند و هفتاد متر به زیر زمین می رود.))

فردا که دیو رفت، کچل آمد و حال و حکایت را پرسید. دختر هم آنچه را شنیده بود[45]، گفت. کچل رفت کنار دریا و یک مشت جو پاشید[46] و منتظر شد تا جوها سبز

---

[41] ...یا ...، یا 혹은..., ...또는 ...
[42] کمند انداختن [kamand andākhtan] 올가미를 걸다
[43] 보다 날쌘
[44] (말이)울부짖다
[45] 들은 것을

شدند. بعد هم چند روز روز کشیک داد⁴⁷. تا این که یک روز دید اسب شش پا آمد و پشت سرش هم شش تا اسب سه پا. کچل کمندش را انداخت و اسب شش پا را گرفت. کچل، اسب را سوار شد و آمد دم قصر و دختر پادشاه را ترک اسب⁴⁸ نشاند و اسب را هی کرد⁴⁹.

دیو زرد خبردار شد و با اسب سه پا دنبال آنها کرد. همین که دیو زرد به آنها نزدیک شد، کچل سر اسب شش پا را برگرداند⁵⁰ و اسب تا کره⁵¹ ی خودش را دید، چنان شیهه ای کشید که اسب سه پا، دیو زرد را به زمین زد و دیو زرد هفتاد متر فرو رفت به زیر زمین.

کچل و دختر از اسب شش پا پایین آمدند و اسب را به حال خودش رها کردند. اسب هم کره اش را برداشت و رفت به جایی که از آن آمده بود.

کچل و دختر هم آمدند به شهر خودشان و خوردند و نوشیدند و به مراد و مطلبشان رسیدند⁵².

هر چه به آنها رسید، به شما برسد و هر چه به دشمنشان رسید، نصیب دشمنتان شود. بخورید و بنوشید و خوش باشید. والسلام.⁵³

---

46 뿌리다
47 (당번처럼)지키다, 파수보다
48 [tark e asb] 말의 등
49 [hei kardad] (짐승을)몰다
50 برگرداندن 돌아가게 하다
51 [korre] 망아지, 새끼
52 [morād va matlab residan] 목적을 달성하다
53 이야기의 화자가 끝맺는 상용구로 그 의미는, '그들이 이룬 것을 여러분에게도 이루어지고 그들의 적들에게 가해진 것이 여러분의 적들에게도 배당이 되기를. 여러분도 먹고 마시고 즐겁기를. 그리고 평화를'

물고기 엄마

ننه ماهی

روزی بود و روزگاری. در عهد قدیم یک دختری بود یک نامادری داشت. پدر دختر ماهیگیری می کرد. صبح تا غروب می رفت کنار رودخانه، تور می انداخت ماهی می گرفت. ماهی ها را می آورد به خانه. دختر می شست و پاک می کرد. پدرش آنها را به بازار می برد، می فروخت.

یک روز وقتی که دختر ماهی ها را برد کنار آب تا پاک کند، یکی از آنها که هنوز نیمه جانی داشت به زبان آمد و گفت :

((ای دختر، اگر مرا در آب بیندازی و آزادی کنی در عوض، هر وقت بخواهی هر کار بخواهی می کنم. ای دختر جانم را به من ببخش.))

دختر که خیلی دل رحم بود، ماهی را ول کرد توی آب. ماهی گفت :

((حالا که این خوبی را به من کردی هر وقت مرا خواستی، بیا کنار آب و صدا بزن ننه ماهی، تا من بیایم.))

این را گفت و رفت زیر آب.

خلاصه : یک مدتی گذشت، تا این که یک روز که دختر رفته بود کنار آب تا ماهی ها را پاک کند پایش سر خورد[1] و کفشش را آب برد. از قضای روزگار کمی پایین تر پسر پادشاه که با نوکر و چاکرهایش[2] به شکار آمده بود، لنگه کفش را از آب گرفت. این جریان را به فال نیک گرفت[3] و گفت آب روشنایی[4] است. بخت

---

[1] [sor khord] 미끄러졌다
[2] [chāker/chākar] 하인
[3] به فال نیک گرفتن 길조로 보다.

صاحب این کفش هم روشن است: من اگر صاحب این کفش را بگیرم بختم مثل این آب روشن می شود. این را گفت بعد به نوکرهایش دستور داد که بروند صاحب کفش را پیدا کنند و بیاورند. نوکرها آمدند و خبر پخش شد توی آبادی. نامادری دختر که خیلی بدجنس و نابکار[5] بود تا[6] خبر شنید چون می دانست که کفش مال دختر است از زور حسودی[7] آمد و چند جور دوا و معجون[8] درست کرد و به خورد دختر داد. تا دختر دواها را خورد شکمش باد کرد[9] و بالا آمد. نامادری هم شروع کرد به جفنگ گفتن[10] که راستش را بگو از که که حامله شده ای[11]؟ هر چه[12] دختر التماس کرد، زاری کرد، گریه کرد. نامادری ول نکرد و گفت باید بروی بیرون. دختر که دید آبرویش[13] دارد می رود، زد[14] بیرون و رفت نشست کنار رود. یادش افتاد به ننه ماهی. صدا زد :

((ننه ماهی! ننه ماهی!))

یک کمی که گذشت ننه ماهی آمد کنار آب و گفت :

((جان ننه ماهی! بگو ببینم چه شده؟))

دختر هم حکایت خود را برای او گفت. ننه ماهی گفت :

((این کاری ندارد.))

دمش را کشید روی شکم دختر فی الفور[15] شکم دختر سالم شد. بعد هم گفت :

---

⁴ 밝음, 광채, 빛
⁵ [nā bekār] 사악한(사람), 비열한(사람)
⁶ …때
⁷ [zur e hasudi] 강한 질투
⁸ 핥아먹는 약 몇 가지 종류
⁹ 부풀다
¹⁰ [jafang goftan] 허튼소리를 하다
¹¹ 임신하다
¹² 모든. 온갖 힘을 다해로 해석됨.
¹³ [āberuyash] 그녀의 위신(체면, 신뢰, 신용)
¹⁴ رفت =
¹⁵ [fel four] 곧, 즉석에서, 바로

((از حالا به بعد هر وقت بخندی از دهنت گل می ریزد و هر وقت گریه کنی از چشمت مروارید می ریزد. راه هم که بروی از زیر پایت طلا در می آید!))

دختر خوشحال و خندان برگشت به خانه. نوکرهای پسر شاه آمدند و کفش را امتحان کردند، دیدند مال دختر است او را بردند و نکاح[16] پسر پادشاه کردند. الهی[17] همان جور که دختر به کام دلش رسید[18]، همه برسند.

---

[16] [nekāh] 결혼, 결혼식
[17] [elahi] 신이시여!, 신이여!
[18] [be kām dele... residan] ..의 마음대로 목적을 달성하다, 결실을 이루다

상인의 아들
فرزند بازرگان

در زمان قدیم بازرگانی بود که هوی و هوس[1] فراوان داشت. بنا به هوسی که داشت خانه ی زیبایی ساخت و در سقف تالار[2] آن جای چراغ لنتر[3] یک جایگاه کوچکی ساخت و عمارت را تمام کرد اما هیچکس نمی دانست که در آنجا چه نهاده. این بازرگان فرزندی داشت بسیار عیاش[4] و خوشگذران که از پدرش در هوسبازی[5] پیش افتاده بود[6] و عمرش به سستی[7] و بطالت[8] می گذشت. مرد تاجر چون مرگ خودش را نزدیک دید یک روز به پسرش گفت :

((فرزند عزیزم! من به تو نمی گویم عیاشی مکن اما خواهشی که از تو دارم اینست که پس از من[9] هر وقت دلت هوس قمار کرد با ماهرترین قماربازها قمار کن و هرگاه که خواستی پیش روسپی[10] بروی هنگام صبح برو و چون خواستی کسی را دوست خود بشماری او را امتحان کن و اگر در اثر قماربازی و عیاشی اموال مرا بکلی از دست دادی و دیناری[11] برایت باقی نماند پیش این و آن دست دراز مکن، خودت را از چنگک لنتر تالار بیاویز تا هلاک شوی[12] اما به کسی محتاج

---

[1] [havā va havas] 욕망, 정욕
[2] 여기서는 큰 방 또는 거실을 의미함.
[3] 사슬로 엮은 커다란 등
[4] ['ayāsh] 방탕한 생활을 하는 사람
[5] 방탕한 일, 호색적인 일
[6] …보다 능가하다
[7] [sosti] 게으름, 나태함
[8] [betālat] 무력함, 게으름, 무위도식
[9] 여기서는 '내가 죽은 후'
[10] [ruspi] 매춘부
[11] 여기서는 '돈 한 잎도'
[12] [halāk shodan] 죽다

نشوی.))

مرد بازرگان بعد از مدتی از دنیا رفت و پسر نادانش هم د ست از هوسبازی برنداشت. روزی هوس قمار کرد اما بنا به وصیت پدر در شهر به گردش پرداخت تا استادترین قمارباز شهر را پیدا کند. پس از جستجوی زیاد مردی را یافت که نیمی از بدنش در خاکستر بود و نیم دیگر عریان و لخت[13] بود و به غیر از تولوب[14] مسکنی نداشت. بازرگان زاده[15] از او خواست که با هم قمار کنند. مرد قمارباز در چند لحظه پول زیادی از فرزند تاجر برد. این پسر هر وقت قمار می کرد می باخت و هیچگاه برنده نبود. بعد از تمام شدن بازی، بازرگان زاده راه خانه ی خود را پیش گرفت. در راه با خود می اندیشید کسی که در قمار این قدر مهارت داشته باشد[16] چرا باید در میان خاکروبه[17] و خاکستر بخوابد؟ اگر من قمار کنم عاقبت همین سرانجام را خواهم داشت! به همین سبب قمار را بکلی ترک کرد و نوبت به وصیت دوم رسید و فردا صبح زود سراغ فاحشه[18] ها را گرفت و یکی از زنان بد کار در حالی که از سر و صورتش خماری و کثافت می بارید در را باز کرد. پسر تاجر از همان دم در برگشت و دیگر هوس روسپی بازی نکرد اما ولخرجی[19] و تلف کردن ثروت خود دست بردار نبود و شب و روز جماعتی[20] که خود را دوست او قلمداد می کردند[21] گرد او جمع می شدند و مال و ثروت او را تلف میکردند. یکبار تاجرزاده گوسفندی کشت و در گلیمی محکم پیچید و به طرف

---

¹³ ['oryān va lokht] 헐벗은
¹⁴ [tulub] 목욕탕의 화로
¹⁵ 상인의 자식
¹⁶ [mahārat dāshtan] 솜씨가 있다
¹⁷ [khākrube] 쓰레기
¹⁸ [fāhshe] 매춘부
¹⁹ [velkharji] 낭비
²⁰ جماعت ..ی + [jamā'at] 모임, 집회
²¹ 열거하다, 나열하다

خانه ی یکی از همان دوستان به راه افتاد و نصف شب در خانه ی دوست خود را
زد و هنگامی که دوستش در را به روی او باز کرد بازرگان زاده را هراسان
یافت[22] و از او پرسید:

((چه خبر شده؟))

پسر تاجر گفت :

((امروز در اثر اشتباه و اوقات تلخی مردی به خنجر[23] من کشته شده و حالا آورده
ام که در خانه ی تو پنهان کنم.)) آن دوست گفت :

((من چنین کاری نمی کنم و در این خانه کشته ای را راه نمی دهم.))

بازرگان زاده ناچار با کوله[24] باری که بر دوش داشت به خانه آمد ولی هنوز چند
لحظه نگذشته بود که دوستاخبانها[25] و گزمه[26] ها دور خانه ی او را گرفتند تا او
را به زندان بکشانند. جوان گلیم را باز کرد و لاشه ی گوسفند را نشان داد و به
آنان حالی کرد که این کار را برای تجربه و امتحان دوست خود کرده است.
هنگامی که این ماجرا پیش آمد تاجر زاده که هستی[27] خود را باخته و همه چیز
را از کف داده بود با دلتنگی تمام و از بیچارگی و استیصال[28] خواست خود را
به دار بیاویزد[29] ولی یادش آمد که پدرش پیش بینی این لحظه را هم کرده
است. رفت و همانطور که پدرش وصیت کرده بود طنابی به چنگک لنتر آویخت
و سر آن را به گردنش بست و خود را آویخت. اما به قدرت خدا طناب از
وسط پاره شد و تاجرزاده به زمین افتاد و از کناره ی چنگک یک تخته گچ کنده شد

---

²² [harāsān yāftan] 겁에 질리다
²³ [khajare] 단도, 비수
²⁴ 등에 지는 큰 가방, 배낭
²⁵ [dustākhbān] 감옥의 간수
²⁶ [gazme] 야경꾼
²⁷ [hasti] 소유, 존재, 재산
²⁸ [estisāl] 절망적 빈곤, 극도의 빈곤
²⁹ 배 دار آویختن 매달다

و خمره ای پر از زر از سقف فرو ریخت.

پسر تاجر آنوقت بود که فهمید پدرش برای آسایش او و پنهان از همه چنین کاری کرده است. و از آن به بعد با ثروتی که از سقف خانه به دست آورده بود به تجارت پرداخت و روز به روز روزگارش بهتر شد ولی دیگر توبه[30] کرد که هرگز دنبال هوسبازی[31] و عیاشی[32] و ولخرجی[33] نرود.

---

[30] [toube] 후회, 참회
[31] [havasbāzi] 방탕한 일. 음탕한 일
[32] ['aiyāshi] 쾌락. 방탕
[33] [vel kharji] 낭비

게으름뱅이 대머리와 뱀구슬
کچل تنبل و مهره ی مار

پیر زنی بود پسری داشت که از بخت بد کچل[1] بود[2]. این پیرزن از دست پسرش که در تنبلی همتا نداشت[3] به تنگ آمده بود. یک روز یک قران کف دستش گذاشت و به زور[4] از خانه بیرونش کرد[5] تا کمی نان و حلوا بخرد. کچل تنبل   رفت بازارکه حلوا بگیرد اما سر راه[6] به مردی برخورد که با بی رحمی گربه ای را می زد و به او ناسزا می گفت[7] نصف شیرش را خورده و نصف دیگرش را ریخته است. دل کچل سوخت[8] و گربه را به ده شاهی[9] خرید و آزاد کرد. بعد فکر کرد با دهشاهی باقیمانده[10] فقط می تواند نان بخرد. به طرف نانوایی راه افتاد. اما نزدیک نانوایی که رسید دید مردی دارد[11] ماری را می کشد[12]. معلوم شد[13] مار طوطی او را نیش زده، کچل دهشاهی دیگر را داد و مار را آزاد کرد. کچل دست از پا درازتر داشت به خانه بر می گشت[14] که دید کسی سوت می زند، برگشت دید مار است. مار گفت :

---

[1] 대머리

[2] 불운하게도 대머리였다.

[3] 게으름을 따를 자가 없는, 게으름에서 견줄 자가 없는

[4] 강제로

[5] او را بیرون کرد

[6] 도중에

[7] 욕설을 퍼붓다

[8] 불쌍하게 여기다, 즉, 대머리는 고양이가 가여웠다

[9] 옛 화폐단위

[10] 남아있는

[11] 조동사로 사용하여, ... 하고 있는 중이다(즉, 완전한 진행형을 나타냄)

[12] [mi koshad] 죽이다

[13] 분명했다

[14] 힘없이 집으로 돌아가고 있는 중이었다(과거진행형)

((چون تو مرا از مرگ نجات دادی، من مهره ام[15] را به تو می دهم، با آن می توانی به آرزوهایت برسی. هر بار آرزویی داشتی چشم هایت را ببند و به آن دست بزن و نیت کن[16]. اما مبادا[17] راز آن را به کسی بگویی.))

کچل خوشحال به خانه آمد اما قبل از این که در بزند در گوشه ای از باغ قایم شد و گفت :

((بد نیست یک امتحانی بکنم.))

دستی به مهره کشید، چشمانش را بست و گفت :

((یا[18] نان و حلوا !))

و چشم خود را که باز کرد نان گرم و حلوای تازه توی دستش بود.

کچل و مادر پیرش نان و حلوا را خوردند. کچل چند تا آروغ زد[19] و بعد شروع کرد به حرف های گنده[20] زدن. گفت :

((ننه، فردا صبح پا می شوی[21] رخت تازه ات را می پوشی، می روی قصر شاه و از دخترش خواستگاری می کنی !))

پیر زن گفت :

((کچل، پسرم! مگر دیوانه شدی؟!))

کچل گفت :

((حرف همان است که گفتم.))

فردا که شد پیر زن راه افتاد و رفت قصر شاه.

---

[15] 나의 구슬
[16] 소원을 빌다
[17] م(=نه) + باد + ..ا 즉, ...되지 않기를(기원형)
[18] 감탄사로 오!
[19] [ālugh zadan] 트림하다
[20] 큰 소리
[21] 여기서는 가다

آن روز شاه بارعام داشت[22] و پیر زن خود را به شاه رساند و با ترس و لرز و شرمندگی بسیار، شاهزاده خانم را برای پسرش، کچل تنبل، خواستگاری کرد. شاه چنان خنده ای کرد که تمام شیشه های کاج به لرزه درآمدند و بعد آن چنان غرید[23] که بیشتر شیشه ها شکستند. شاهزاده خانم که آن جا بود و موضوع را شنیده بود گفت :

((پدر این که ناراحتی ندارد، تو شرطی را پیش پای او بگذار که از انجام آن عاجز[24] بماند.))

پدر رأی دختر را پسندید و به پیرزن گفت :

((به پسرت بگو اگر می خواهی دخترم را به عقد خود درآوری، باید از بالای کوه که رمه[25] های گاو و گوسفند من هستند جویی بکنی که تا قصر برسد و شیر آن ها از داخل این جوی به کاخ بیاید.))

پیرزن ناراحت و نگران به خانه آمد و موضوع را با پسرش در میان گذاشت. کچل به گوشه ای رفت و مهره ی مار را در دست گرفت چشم هایش را بست و نیت کرد. صبح در شهر شایع شد[26] که از بالای کوه تا اندرون قصر جویی پدید آمده است که شیر گوسفند و بز در آن جریان دارد.

کچل دوباره مادرش را فرستاد تا رسما[27] برای خواستگاری از شاهزاده خانم با پادشاه وارد مذاکره شود[28]. شاه این بار پیشنهاد کرد که اگر می خواهی دخترم را به عقد خود درآوری باید برای او قصری بسازی و قصر او باید

---

[22] 일반 접견 즉, 백성들을 만나는 날이었다
[23] [ghorridan] 고함치다
[24] 무력한
[25] [rame] 무리, 떼
[26] 소문이 자자하다
[27] 공식적으로
[28] 협의하다, 협상에 들어가다

بزرگ تر و با شکوه تر از قصر من باشد و درست   مقابل کاخ من باشد. پیرزن ناراحت و نگران به خانه برگشت و گفت :

((دیدی چه خاکی بر سر خودت و من ریختی[29]. شاه گفت   : اگر نتوانی دستور می دهم سر کچلت را بر باد دهند[30].))

کچل گفت :

((ناراحت نباش مادر، می دانم چه کنم!))

صبح شد، اما در قصر شاه همه جا تاریک بود. پنجره را کنار زدند[31]، دیدند چه عظیمتی[32]! قصر با شکوهی قد برافراشته[33] و جلوی تابش[34] نور آفتاب را گرفته است و نمی گذارد[35] که به قصر شاه بتابد! شاه گفت :

((حالا دیگر کار این کچل به جایی کشیده که روی دست من بلند می شود!))

اما دختر که این دو چشمه را از کچل دیده بود، در دل بی میل نبود زن او شود ولی یک شرط سوم گذاشت و آن این که چهل بار شتر طلا و جواهر باید برای او بیاورد تا پادشاه خرج عروسی کند.

کچل این شرط را هم برد و شاهزاده خانم ازدواج کرد. مدتی گذشت اما یک روز به اصرار زنش داستان مهره ی مار را برای او تعریف کرد. به محض این که راز مهره ی مار برملا شد[36]، قصر با شکوه   کچل هم آب شد و در زمین فرو رفت. شاهزاده خانم هم ناپدید شد. معلوم گردید شاهزاده نیت کرده بود با قصرش هفت کوه و هفت دریا آن طرفتر با شاهزاده   جوان و   خوش

---

[29] 난처한 일을 저지르다
[30] بر باد دادن 소모하다, 여기서는 없애버려다
[31] 열다
[32] 거대한
[33] 여기서는 높게 세운
[34] 앞 채광
[35] 허락하지 않다
[36] [bar malā] 누설되다, 폭로되다

سیمایی[37] ازدواج کند.

کچل تنبل که دوباره به نکبت و بدبختی[38] افتاده بود، ناراحت و پکر[39] نشسته بود که دید گربه ای کنارش ایستاده و میومیو می کند. این همان گربه ای بود که کچل او را به دهشاهی خریده و آزاد کرده بود و همراه قصر ناپدید شده بود. گربه از دهان استفراغ زد[40] و مهره را انداخت. کچل آن را برداشت و دوباره آرزو کرد زن و قصرش برگردند.

---

[37] 외모가 훌륭한, 잘 생긴
[38] [nekbat va badbakhti]불행,역경
[39] [pakar]의기소침하여, 낙담하여
[40] [estefrāgh zadan]토하다

구 두 쇠 와 금 그 릇

مرد بخیل و ظرف طلا

مرد بخیلی[1] که علاق ی زیاری به جمع کردن مال داشت، هر چه به دست می آورد برای آن که از دستبرد[2]دزدان محفوظ ماند[3] در زیر خاک پنهان می ساخت.

روزی ظرفی از طلای خالص[4] خرید که بسیار قیمتی و قشنگ بود. آن ظرف را نیز زیر خاک مخفی کرد و جای آن را به تنها پسرش[5] نشان نداد.

آن مرد پول پرست[6] زن و فرزند خودش را در منتهای[7] سختی و تنگدستی[8] نگاه می داشت و به قد[9] بخور و نمیر[10] به آنها غذا می داد و از پست ترین پارچه ها برای ایشان لباس می خرید.

اتفاقا آن مرد بخیل به مرض سختی دچار شد و بستری گردید. هر چه زن و فرزندش اصرار کردند طبیبی بر بالینش[11] بیاورند تا مرضش را علاج کند، آن مرد چون می دانست که آمدن طبیب علاوه بر حق القدمی[12] که می خواهد مبلغی هم باید برای خرید دارو بپردازد. گفت :

((حال من خوب است و احتیاجی به آمدن طبیب نیست.))

---

[1] 한(어떤) 구두쇠
[2] [dast bord] 약탈, 도둑질
[3] 숨기다, 보호하다
[4] [khāles] 순수한. 순금으로 된
[5] 그의 외동아들
[6] 돈을 숭배하는, 즉, 돈을 매우 좋아하는
[7] [mennat] 호의, 은혜, 의무. 여기서는 당연한 일이나 호의라는 의미로 쓰임.
[8] 극한 어려움과 빈곤상태로
[9] ...정도로
[10] [bokhor o namir]지극히 작은
[11] 그의 머리맡으로 به بالین او
[12] [haq ol qadam] 왕진료

اما روز به روز حال او بدتر شد تا سرانجام بدون اینکه از محل دفینه[13] خود کسی را

با خبر سازد از آن مرض هلاک گردید[14].

چون یک سال از مرگ مرد بخیل گذشت، زن و تنها فرزندش به فقر و پریشانی

افتادند تا آن که شبی پسر، پدر را در خواب دید که به صورت موشی درآمده و به

گوشه حیاط رفته و مشغول کندن زمین می باشد.

پسر با تعجب بسیار از او پرسید :

((ای پدر، چرا به این شکل درآمده ای و چرا اینجا را می کنی[15]؟))

پدر جواب داد :

((ای فرزند، من تمام طلاها و اشیاء قیمتی خودم را در این مکان پنهان ساخته ام و

بدون این که به تو و مادرت از این بابت[16] چیزی بگویم از دنیا رفتم. اکنون می

خواهم به آنها سر بزنم[17] و ببینم که کسی دستبرد نزده باشد.))

پسرش گفت :

((آیا خبر داری که من و مادرم با چه ذلت[18] و بدبختی به سر می بریم[19] در حالی

که تو این همه دارایی را زیر خاک مخفی ساخته ای؟))

پدر گفت :

((من هم به خاطر همین آمدم تا محل دفینه را به تو نشان دهم و تو آنها را بیرون

آورده، مقداری از آن را به فقرا و مستحقین[20] بدهی و باقی را صرف بهبود[21]

---

[13] 묻혀진 보물
[14] [halāk gardidan]사라지다, 즉, 죽다
[15] [mi kani]
[16] 이 사항에 대하여, 이것에 관하여
[17] 잠깐 들르다
[18] [zellat] 고통, 고난
[19] [be sar bordan] 살다, 지내다
[20] [mostaheqqin] 가난한 사람들
[21] 개선, 회복

زندگانی خودتان کنید تا من از قالب[22] این موش خلاص شوم.))

پسر که این حرف را شنید از خواب پرید و صبح روز بعد، آنچه را که در خواب دیده بود برای مادرش نقل کرد و به اتفاق[23] مادر بیل و کلنگ[24] برداشت و به همان نقطه ای که در خواب دیده بود، رفت و مشغول کندن زمین شد.

چون کمی خاک برداری کرد، ناگهان چشمش به مقدار زیادی طلا و نقره و جواهر افتاد که روی هم[25] انباشته شده است[26].

پسر قدری از آنها را به بازار برد و فروخت و به همان ترتیب که پدرش گفته بود عمل کرد.

چند شب دیگر باز پدرش را به خواب دید ولی این بار شاد و خندان به صورت آدمیزاد بود. پسر که چنین دید خیلی خوشحال گردید و گفت :

((پدر جان اکنون که تغییر شکل داده ای بگو ببینم خیالت نیز آسوده شده است؟))

پدر گفت :

((آری پسرم، چون به دستور من عمل کردی، خداوند در این عالم[27] به من آسایش و راحتی بخشید و کار بارم[28] خوب شد و از جلد موش خارج شده و به شکلی که می بینی درآمدم.))

---

[22] 틀
[23] [be etefāqe]...함께
[24] 삽과 곡괭이
[25] 모두, 서로, 함께
[26] [anbāshtan] 현재어근은 انبار : 쌓다, 모아두다, 저장하다
[27] [ālam] 세상, 세계
[28] = کار و بار من

세 아들의 유산

میراث سه برادر

در زمان قدیم مردی بود که سه پسر داشت. او در زندگی خود تنها ثروتی که داشت یک نردبان[1]، یک طبل[2] و یک گربه بود. وقتی که مُرد[3] نردبان را پسر بزرگی، طبل را پسر وسطی و گربه را پسرکوچکی برداشت. پسر بزرگی بعد از مرگ پدرش به فکر دزدی افتاد. یک روز نردبان را برداشت برد به دیوار خانه حاجی گذاشت تازه[4] می خواست از نردبان بالا برود که صدای حاجی را شنید که به زنش می گفت :

((من می روم به فلان[5] شخص معامله کنم. اگر معامله ی من و او سرگرفت[6] یک نفر را میفرستم جعبه پول را به او بده بیاورد.))

این را گفت و از خانه بیرون رفت. پسری که می خواست برود به خانه حاجی دزدی کند تمام حرف های حاجی را شنید یواشکی[7] نردبان را برداشت برد خانه ی خودش گذاشت و برگشت آمد در خانه ی حاجی را زد.

زن حاجی پرسید :

((کی هستی ؟))

پسر گفت :

---

[1] [nardbān] 사다리. 사닥다리
[2] [tabl] 북
[3] 죽을 때
[4] 여기서는 뭔가 새로운 것을 의미함
[5] [folān] 아무개
[6] انجام شدن = 성취되다. 이루어지다
[7] [yavāshaki] 살그머니

((حاجی مرا فرستاده که جعبه پول را ببرم.))

زن حاجی هم خیال کرد که حاجی او را فرستاده. جعبه‌ی پول را به او داد.

پسره[8] هم با خوشحالی جعبه را برداشت و برد. وقتی که حاجی به خانه

برگشت زن او پرسید که :

((معامله تو با فلان شخص چطور شد؟))

حاجی گفت :

((هیچ، معامله ما سر نگرفت))

زنش گفت :

((پس پول بردی چکار کنی ؟))

حاجی گفت :

((پول کجا بود؟))

زنش گفت :

((مگر[9] تو پسر را نفرستاده بودی که پول ببرد؟))

حاجی گفت :

((من کسی را نفرستادم !))

خلاصه حاجی پول خود را نیافت و پسر بزرگی با پول حاجی ثروتمند شد.

برادر وسطی که دید برادر بزرگش رفته و با نردبانش برای خودش پول پیدا کرده او

هم طبل را برداشت و راه افتاد تا اینکه شب شد رفت در یک رباط خرابه[10]

خوابید هنوز بخواب نرفته بود که چند تا گرگ آمدند توی رباط. او از ترس

گرگها رفت خودش را جا بجا کند که[11] طبل او صدا کرد. گرگ ها از صدای طبل ترسیدند و فرار کردند ضمن[12] فرار خوردند به رباط خرابه . در رباط بسته شد. پسر که دید گرگ ها از صدای طبل او ترسیدند خوشحال شد و طبل را برداشت بنا کرد[13] به زدن. گرگ ها هم از ترس هی[14] خود را به در و دیوار می زدند. یک بازرگان در آن وقت شب داشت[15] از آنجا می گذشت دید توی رباط سرو صدا بلند است. تاجر تا[16] در رباط را باز کرد گرگ ها بیرون رفتند و فرار کردند. مرد طبل زن وقتی دید بازرگان در را باز کرد و گرگ ها بیرون رفتند آمد جلو و گریبان[17] او را گرفت و گفت :

((چرا در رباط را باز کردی که گرگ ها فرار کنند؟ این گرگ ها را پادشاه به من داده بود که رقص کردن به آنها یاد بدهم. حالا من باید چکار کنم؟ اگر بروم دنبال گرگها که آنها را جمع آوری کنم خرج زیادی برایم بر می دارد. حالا باید یا خسارت[18] مرا بدهی یا[19] اینکه می رویم پیش شاه از دست تو شکایت می کنم.))

بازرگان هم از ترس اینکه مبادا[20] برود پیش شاه از دست او شکایت کند پول زیادی به او داد و رفت. این برادر هم از این راه ثروتمند شد.

ماند برادر کوچکی. برادر کوچکی وقتی دید که دو برادرش رفتند با نردبان و طبل پول برای خود در آوردند، او هم گربه ی خود را برداشت و از ده

---

[11] 여기서는 접속사의 의미로, 그래서, 그런데가 됨
[12] [zemn] ...동안. ...하는 사이
[13] [banā kardan] 시작하다. 착수하다
[14] [hei] 계속해서
[15] 완전진행을 나타내는 조동사임
[16] ...하자마자
[17] [garibān] 옷깃
[18] [kesārat] 손해. 손실
[19] یا (اینکه) ...또는. ...혹은....혹은. ...
[20] ا + باد+(نه)م be 동사의 부정기원형. ...하지 않도록

بیرون رفت تا به جایی رسید و دید در هر چند قدم[21] یک نفر چوب

بدست ایستاده. او از آنها پرسید که :

((چرا هر چند قدم یک نفر چوب بدست[22] ایستاده ؟))

آنها جواب دادند که :

((در این ملک[23] موش زیاد است و از دست موشها آسایش نداریم به

همین دلیل است که در هر چند قدم یک چوب بدست ایستاده که نگذارد

موشها[24] به مردم آزار برسانند[25].))

او گفت :

((شما امشب هیچکاری به موشها نداشته باشید من می‌دانم و موشها.))

آنها همه چوب های خود را کنار گذاشتند و رفتند. تا چوب بدست‌ها کنار

رفتند او دید یک عالم[26] موش جمع شد. او فوری گربه را از زیر عبا[27]ی

خودش بیرون آورد. گربه به میان موشها افتاد چندتا را خورد و چند تا

را هم خفه کرد[28]. بقیه[29] فرار کردند. روز بعد این خبر به پادشاه آن

کشور رسید. وقتی پادشاه این خبر را شنید او را به حضور طلبید و گربه

را به قیمت زیادی از او خرید. او هم آن پول را برداشت و به ده خود

برگشت.

هر سه برادر با کارهای خودشان ثروتمند شدند.

---

[21] 몇 걸음마다. 몇 걸음 걸러

[22] 손에 들고

[23] [molk] 나라. 국토

[24] 조동사로, '허락하지 않는다'

[25] آزار رساندن 해가 미치다.

[26] ['ālam] 세상

[27] ['abā] 헐렁한 남자 겉옷

[28] [khafe kardan] 목을 꽉 조여 죽이다

[29] [baqiye] 나머지

اما ببینیم گربه چکار می‌کند. روزی گربه در آفتاب گرم خفته[30] بود   که کنیزی از پهلویش گذشت و دم او را لگد کرد[31]. گربه پرید و دست او را زخم کرد. خبر به شاه دادند که گربه آنقدر خورده که مست[32] شده و چشم بد به فلان کنیزت دارد. شاه فرمان داد که گربه را ببرند و   به دریا بیندازند. یک نفر گربه را جلوی اسب گرفت و برد که به به دریا بیندازد. تا رفت گربه را توی دریا پرت کند، گربه به زین[33] اسب چنگ زد[34].   مرد خواست او را بگیرد و دوباره به دریا بیندازد.   خودش به سر   افتاد توی دریا و غرق شد[35]. گربه همانطور که به زین اسب   چنگ زده بود اسب به خانه برگشت. آنها تا گربه را روی اسب دیدند همه از   شهر و دیار خود بیرون رفتند و از ترس   گربه   فرار کردند.   گربه تنها در آن کشور ماند تا اینکه   بعد از چند سال اهل شهر یکی دو نفر را فرستادند که ببینند اگر گربه رفته است آنها به دیار[36] خودشان برگردند. آن دو نفر رفتند و دیدند که گربه اندازه‌ی یک بز شده و توی آفتاب خوابیده و دارد به سبیل‌های خودش دست می‌کشد.   آن دو نفر فرار کردند و رفتند خبر دادند که گربه توی آفتاب خوابیده خیلی هم اوقاتش تلخ است[37] می‌گوید اگر به شما برسم می‌دانم چکارتان کنم.   خلاصه همه آنها دیگر انکار[38] دیار خودشان را کردند و رفتند.

---

[30] [khafte] 자고 있는. 자는
[31] [lagad kardan] 발로 밟다
[32] [mast] 취한. 거나한. 흥분한. 발정한
[33] [zin] 안장
[34] [chang zadan] 꽉 움켜잡다
[35] [gharq shodan] 물에 빠지다
[36] [diyār] 집. 지역.
[37] اوقات ... تلخ بودن [ouqāt e-⋯talkh budan] ⋯가 화가 나다
[38] [enkār] 부인. 거절

아름다운 아가씨

ماه پیشونی

روزی بود و روزگاری. در یک دهکده چند خانواده با خوشی و خرمی زندگی می کردند ما از میان این چند خانواده، یکی از آنها را انتخاب کرده ایم و داستان زندگی آن خانواده را بیان می کنیم.

این خانواده تنها یک فرزند داشت و آن هم دختر بود. زن همسایه که شوهرش مرده بود با این دختر دوست شد. تا این که روزی به دختر گفت :

((برو و به مادرت بگو من سرکه ی ته برکه[1] ما خام[2]))

دختر رفت و به مادرش گفت. مادر گفت :

((ننه جان! این چیزی که تو می خواهی وجود ندارد.))

دختر رفت پهلوی زن همسایه و گفت :

((مادرم می گوید : این چیزی که تو می خواهی وجود ندارد.))

زن همسایه گفت :

((باز برو بگو !))

خلاصه، آن قدر به گوش دخترک خواند و خواند که یک روز مادرش عصبانی شد و خودش را انداخت به داخل چاه و از بین رفت.

پس از مرگ مادر، زن همسایه به دختر گفت :

---

[1] 얕은 못
[2] 싶어해요

((به پدرت بگو که مرا عقد کند.))

دختر این سفارش را انجام داد و پدر دخترک با او ازدواج نمود. مدتی گذشت، آن زن دختری به دنیا آورد. دخترک قصه ی ما هر روز به صحرا می رفت و گوسفندان را می چراند و به او مقداری پنبه می دادند که در اوقات بی کاری بریسد.[3]

روزی از روزها که می خواست پنبه بریسد پنبه از دستش افتاد. در همان نزدیکی چاهی بود که پنبه یک راست رفت توی چاه. دخترک از ترس نامادری اش به داخل چاه رفت تا پنبه را بیاورد. ولی با یک دیو رو به رو شد. سلام کرد. دیو گفت :

((اگر سلام نکرده بودی تو را می خوردم ؛ حالا بیا اتاق مرا به هم بریز!))

دخترک اتاق دیو را جمع و جور و تمیز کرد[4] ؛ بعد گفت :

((تنور اتاق را خراب کن!))

دخترک تنور را درست کرد ؛ بعد گفت :

((طلاها را پخش و پلا کن[5]!))

و او طلاها را جمع کرد و همین طور که طلاها دستش بود دیو گفت :

((سه بار از روی جوی آب بپر!))

دیو می خواست دخترک را امتحان کند و ببیند که آیا طلاها را بر می دارد یا نه؟

دخترک به دیو گفت :

((حالا پنبه ها را بده تا بروم.))

دیو پنبه ها را به او داد و گفت :

((برو!))

دخترک هم رفت ؛ همین طور که می رفت دیو ادامه داد که :

---

[3] رشته کند، نخ کند= رشتن ، ریسیدن 의 동사에서 나온 어휘
[4] 정리하여 깨끗하게 하다
[5] [pakhsh va palā], 흩뿌리다, 마구잡이로 뿌리다

((به بالای چاه که رسیدی یک ماه روی پیشانی ات سبز می شود.))

بالای چاه که رسید، همین طور شد. دستمالی روی پیشانی اش بست و گله را به خانه برد. تا مدت ها نگذاشت که زن بابایش بفهمد که یک ماه روی پیشانی دارد. سرانجام یک روز با خبر شد و دخترک جریان را برایش تعریف کرد. زن بابا که دلش می خواست روی پیشانی دختر خودش یک ماه باشد، مقداری پنبه به او داد و گفت :

((همراه ماه پیشونی برو و کمکش کن و پنبه را بریس!))

ماه پیشونی و خواهر ((اندری))[6] اش به صحرا رفتند هم گله می چراندند و هم پنبه می ریسیدند که پنبه ی دختر به همان چاهی افتاد که پنبه ماه پیشونی افتاده بود. دختر داخل چاه رفت تا پنبه را بیاورد که با یک دیوی رو برو شد. دختر سلام نکرد. دیو بسیار عصبانی شد و گفت :

((چرا به اینجا آمدی؟))

گفت :

((آمدم پنبه ام را ببرم.))

دیو گفت :

((می خواستم تو را بخورم ولی این کار را نمی کنم. حالا بیا اتاق مرا به هم بریز!))

دختر اتاق دیو را به هم ریخت. بعد گفت :

((تنور اتاق را خراب کن!))

دختر تنور را خراب کرد. بعد گفت :

((طلا ها را پخش و پلا کن!))

او طلاها را پخش و پلا کرد و مقداری از آنها را در جیب خود گذاشت. دیو گفت :

---

[6] ناتنی 배다른 자매

((حالا سه بار از روی جوی آب بپر!))

دختر این کار را کرد ولی در هنگام پریدن، طلاهایی که در جیبش گذاشته بود، به داخل آب ریخت دیو با دیدن این صحنه خشمگین شد ولی چیزی نگفت و پنبه را به او داد.

از چاه بیرون آمده به خانه رفت. وقتی که به خانه رسید تا مادرش او را دید فریاد بلندی کشید! نگو که در پیشانی دخترش به جای ماه یک ک.... ر[7]خر در آمده بود!

روزی از روزگارها که ماه پیشونی در کنار جوی آب نشسته بود و می خواست آب بخورد، پسر شاه که از آنجا در می شد تا او را دید به او علاقه پیدا کرد. پسر پادشاه به پدرش گفت :

((من دختری می خواهم که روی پیشانی اش یک ماه است.))

پادشاه گفت :

((چنین دختری وجود ندارد!))

مدت ها گذشت، تا عروسی دختر پادشاه شد. ماه پیشونی هم در صحرا گوسفندان را می چراند تا این که اسبی زین کرده و لباس های خوب و قشنگ از غیب[8] جلو ماه پیشونی پدیدار شد. دختر لباس ها را پوشید و سوار بر اسب شد و به عروسی دختر پادشاه رفت. از او پرسیدند :

((اهل کجا هستی؟))

گفت :

((از مشرق آمده ام به مغرب باز می گردم.))

مهمانی تمام شد. دختر سوار بر اسب شد و آنجا را ترک کرد. به رودخانه ای رسید.

پسر پادشاه به دنبالش می آمد. ماه پیشونی از رودخانه که رد می شد، یک لنگه کفشش به داخل آب افتاد. پسر پادشاه کفش را پیدا کرد. ماه پیشونی که به آن طرف رودخانه رسید، لباس هایش عوض شد و پیش گله رفت.

پسر پادشاه دستور داد که لنگه ی کفش را امتحان کنند و به پای هر دختری خورد، همان را به قصر بیاورند. به پای هیچ کس نخورد. پسر پادشاه گفت :

((آیا کسی دیگر نیست.))

گفتند :

((فقط یک دختر دیگر در صحرا هست و گوسفندها را می چراند.))

کفش را به پای او امتحان کردند. پسر پادشاه او را به همسری خود برگزید. روز عروسی فرا رسید. زن بابا، دختر خودش را به جای ماه پیشونی بر تخت عروسی نشانید. موقعی که می خواستند عروس را به خانه پادشاه ببرند، خروسی که روی دیوار نشسته بود شروع به آواز خواندن کرد و گفت :

((دخترک ... ر پیشونی میون زنونه[9] دختر ماه پیشونی زیر تنور))

پسر پادشاه فهمید که کلاه سرش رفتنه[10] است. ماه پیشونی را از توی تنور بیرون آوردند و به خانه ی پادشاه بردند و نامادری و دخترش را از آنجا بیرون کردند.

젊음의 비결
راز جوانی

جوانی پیر مردی را دید و پیر مرد به نظرش[1] دنیا دیده[2] آمد جلو او را گرفت و خواست از او سؤال بکند. بعد از سلام و احوالپرسی، سؤالش را به او گفت. پیر مرد گفت :

((ای جوان، من سن و سالی[3] ندارم و جواب سؤال تو را نمیدانم. جواب این سؤال را برو از برادر بزرگترم که فلان جا[4] زندگی میکند بپرس))

مرد جوان راه افتاد رفت تا به برادر بزرگتر او را رسید که دید تعجب کرد چون دید این مرد خیلی جوانتر از اولی[5] است ولی پیر مرد گفته بود که برادرم بزرگتر از من است[6]. به هر حال[7] جوان جلو رفت و تا خواست سؤال خود را بگوید آن مرد گفت :

((ای جوان من جواب سؤال تو را نمیدانم برو پیش برادرم که از من بزرگتر است و در فلان جا زندگی می کند از او بپرس.))

جوان رفت و رفت تا به مرد سومی که نشانیش را داده بودند رسید باز هم تعجب کرد. چون این مرد از آن دو نفر قبلی، حتی[8] از خودش جوان تر بود. جلو رفت سلام کرد و گفت :

---

[1] 그의 생각에는
[2] او دنیا دیده است (그는 경험이 풍부하다)를 줄인 문장
[3] 연륜
[4] 某處(모처)에
[5] 첫 번째 노인을 뜻함.
[6] 그러나 나보다 나이가 많은 형이라고 노인은 말했었다
[7] 어쨌든, 하여간
[8] [hattā] 심지어, ...조차도

((من از شما یک سؤال دارم))

مرد با خوشرویی گفت :

((بفرمایید بگویید))

مرد داستان دو برادری[9] را که یکی از دیگری بزرگتر ولی جوانتر بود[10] تعریف کرد و سوال خودش را فراموش کرد. آن مرد با خوشرویی گفت :

((بله من از هر دوی آنها بزرگتر هستم ولی تو تعجب می کنی که برادر کوچکتر ما چرا پیرتر از من و برادر وسطی است ؟))

جوان گفت :

((بله همینطور[11] است.))

مرد، جوان را به خانه اش دعوت کرد و گفت :

((صبر کن تا علت این موضوع را به تو بگویم))

جوان قبول کرد و شب به خانه برادر برزگتر که ظاهرا[12] از آن دو برادر جوان تر بود رفت. وقتی نشستند مرد به زنش گفت :

((یک هندوانه بیاور بخوریم.))

زن رفت و یک هنوانه آورد. وقتی زن خواست هندوانه را پاره کند[13]، مرد گفت :

((این هندوانه خوب نیست برو و یکی دیگر[14] بیاور))

زن رفت و با هندوانه ای[15] برگشت. مرد خوشبخت که می خواست میزان فرمانبرداری زنش را به جوان نشان بدهد و در ضمن[16] می دانست که بیشتر از

---

[9] 두 형

[10] 한 사람(형)이 다른 사람(동생) 보다 나이가 많다고 했지만 (외모는)어려 보이는 ...이야기를

[11] هم + این + طور 의 축약형, 바로 그렇습니다.

[12] 겉으로는, 겉모습으로는

[13] 자르려고

[14] 다른 것 하나 즉, 다른 수박

[15] یک هندوانه

[16] 그 동안에, 그러는 동안

یک هندوانه ندارند چهل مرتبه زن خود را فرستاد و زن هم با خوشرویی هندوانه

را می برد و باز همان را می آورد.

مرد به آن جوان گفت :

((بلند شو[17] برویم خانه برادر دیگرم.[18]))

مرد بلند شد و به خانه برادر وسطی رفتند. وقتی نشستند مرد به زنش گفت :

((بلند شو یک هندوانه بیاور بخوریم.))

زن رفت و یک هندوانه آورد. مرد به زنش گفت :

((این هندوانه خوب نیست برو عوض کن))

زن دو سه مرتبه هندوانه را عوض کرد اما دفعه چهارم با اوقات تلخی[19] گفت :

((دیگر[20] هندوانه نداریم همین[21] ها بود که آوردم))

در حالی که[22] یک اطاق هندوانه داشتند. بعد از آن بلند شدند و به اتفاق[23] هم به خانه

برادر کوچکتر که از همه پیرتر شده بود[24] رفتند. پیر مرد به زنش گفت :

((یک هندوانه بیاور))

زن رفت و یک دانه[25] هندوانه آورد و شوهرش تا خواست بگوید :

((این را عوض کن))

زن گفت :

((همین را داریم می خواهید بخورید نمی خواهید نخورید[26]))

---

[17] 일어나게
[18] به خانه برادر دیگرم برویم 의 구어적 도치
[19] 화가 나서
[20] 더 이상
[21] این + هم 의 축약형, 바로 이것
[22] ....상태, 상황
[23] [be etefāgh-e] 함께
[24] 최상급으로, 모두(3형제)들 보다 늙은 즉, 가장 늙은
[25] 관형사로, 덩이, 알을 의미함. 수박 한 덩이
[26] 원하면 먹고, 원하지 않으면 먹지 마세요

سه برادر به جوان نگاه کردند و گفتند :

((حالا علت پیری و جوانی[27] ما را فهمیدی؟))

잠쉬드 왕자 이야기
قصه ملک جمشید

یکروز بود یکروز نبود غیر از خدا هیچکس نبود روزی از روزها شاه عباس پادشاهی[1] سه پسر داشت بنامهای ملک محمد، ملک احمد و ملک جمشید. در حیاط قصر درخت سیبی بود که سالی یک دانه سیب میداد. خاصیت[2] سیب هم چنان بود که هر کس آنرا می خورد تا ابد[3] جوان می ماند اما از بخت بد هیچ وقت این سیب قسمت پادشاه یا یکی از افراد خانواده اش نشده بود چرا که یک دیو هر سال در موقع مناسبی میآمد و سیب را می برد.

یک سال پادشاه به ملک محمد گفت تو باید از درخت سیب نگهبانی کنی. ملک محمد رفت زیر درخت خوابید. نیمه شب دیو آمد سیب را برد بدون اینکه ملک محمد خبردارشود. صبح که شد بیدار شد دید کار از کارگذشته و سیب از دست رفته.

یکسال گذشت باز درخت یک سیب داد. این دفعه شاه ملک احمد را مآمور نگهبانی از سیب کرد اما ملک احمد هم مثل برادر بزرگش خوابید و سیب نصیب دیو شد. صبح که بیدار شد با تآسف زیاد پیش پدر رفت و عذر خواست[4].

یک سال دیگر گذشت باز درخت سیب دیگری آورد. این بار ملک جمشید مآمور نگهبانی بود. از اول شب انگشتش را برید و جایش نمک ریخت تا خوابش نبرد و شمشیرش را آماده گذاشت. نیمه شب سر و کله دیوه پیدا شد تا خواست دست به

---

1 동격으로, 압버스 왕, ...왕
2 [khāsiyat] 특성. 효능
3 [abad] 영원성. 불멸
4 ['ozr khāstan] 용서를 빌다. 사과하다.

طرف سیب ببرد پسر با شمشیر زد و او را زخمی کرد دیو فرار کرد و پسر بدنبالش رفت دیو همانطور که میرفت خون از دستش می چکید و پسر خون را علامت گذاشت تا دیو رسید به یک چاه رفت تو.

پسر به خانه برگشت و ماجرا را به پدر و برادرانش گفت. پدر برادرها را همراه او فرستاد که بروند داخل چاه و دیو را بکشند. پسر همراه برادران مسیر قطره های خون را گرفت و رفتند تا رسیدند به آن چاه. اول ملک احمد را یک طناب به کمرش بستند و او را داخل چاه کردند، هنوز به نیمه نرسیده بود که گفت:

((سوختم، سوختنم. بکشید.))

او را بالا کشیدند. ملک جمشید گفت من هر قدر فریاد زدم ((سوختم)) مرا نکشید. برادرها از خدا میخواستند. طناب را بستند به کمرش و او را داخل چاه کردند. در نیمه راه ملک جمشید هر قدر فریاد زد سوختم سوختم او را نکشیدند که هیچ طناب را هم پاره کردند افتاد تو چاه. پا شد در روشنایی یک اطاق دید رفت تو دید یک دختر زیبا نشسته و سر دیوی را به زانو[5] گرفته و دیو در خواب عمیقی[6] فرو رفته بود. پسر تا وارد شد دختر گفت ملک جمشید برو بیرون به جوانی خودت رحم کن[7] حالا این دیو ترا می کشد. ملک جمشید گفت زود شیشه عمرش را نشانم بده[8] دختر شیشه را نشان داد پسر شیشه را برداشت و به زمین زد. دیو مُرد و ملک جمشید از آنجا رفت به یک اتاق دیگر، دید آنجا هم دختری زیباتر از اولی نشسته سر دیوی را به زانو گرفته بود. آن دختر هم تا ملک جمشید را دید گفت زود برگرد این دیو تشنه خونت است برادرش را هم که زخمی کرده ای هیچ بهت[9] رحم نخواهد کرد.

ملک جمشید گفت:

((زود شیشه ی عمرش را نشان بده.))

دختر نشان داد. پسر آن را برداشت و به زمین زد آن دیو هم مُرد. به اتاق دیگر رفت دید در آنجا دختری بسیار بسیار زیبا نشسته و سر دیوی زخمی را به زانو گرفته تا ملک جمشید را دید گفت:

((ملک جمشید چرا به خودت رحم نکردی؟))

ملک جمشید گفت:

((دیگر از این حرفها گذشته))

یک خنجر[10] زد به پا ی دیو. دیو به دختر گفت:

((حقه باز[11] بی حیا[12] چرا مگس ها را نمی رانی؟))

دختر آهسته شیشه ی عمر دیو را به ملک جمشید نشان داد. ملک جمشید آنرا برداشت و به زمین زد آن دیو هم کشته شد. بعد دخترها را برداشت و برد ته[13] چاه برادرانش را صدا زد و گفت بکشید. دختر بزرگ را بست و گفت ملک محمد این را بکش مال تو. دختر وسطی را بست و به ملک احمد گفت این را هم تو بکش مال تو. خواست دختر کوچک را ببندد. دختر گفت:

((ملک جمشید نمیشه اول باید تو بری.))

هر چه[14] دختر التماس کرد[15] به خرج ملک جمشید نرفت[16] طناب را به کمرش بست و به برادرها گفت این را هم بکشید مال من است. او را هم بالا کشیدند. بعد

---

[10] 단도
[11] [hoqqe bāz] 사깃꾼. 요술장이
[12] [bi hayā] 파렴치한. 뻔뻔스러운. 염치없는
[13] [tah] 바닥.
[14] 아무리 .... 해도
[15] 애원하다. 애걸복걸하다.
[16] به خرج رفتن 받아들여지다. 효력이 있다. 여기서는 잠쉬드 왕자는 받아 들이지 않았다.

طناب را به کمر خودش بست برادرها او را تا نیمه کشیدند و بعد طناب را پاره کردند ملک جمشید افتاد ته چاه. ملک محمد و ملک احمد دخترها را برداشتند و رفتند به قصر پدر و گفتند ما دیوها را کشتیم و این دخترها را آوردیم. پدر از ملک جمشید پرسید گفتند از او خبر نداریم.

اما بشنوید از ملک جمشید که چون از رفتن پیش پدر ناامید شد پا شد و رفت به دیدن اتاق ها و یکی یکی اتاق ها را تماشا میکرد دید همه نوع وسائل در آنها هست اما تعجب کرد از اینکه توی یکی از آنها فقط یک مرغ طلایی یک خروس طلایی و دوازده جوجه ی طلایی که توی یک سینی طلا گذاشته بودند هست و در اتاق دیگری فقط یک دست لباس سفید با یک اسب سفید بود ملک جمشید به آنها دست نزد فکر کرد ممکن است روزی به دردش بخورند[17]. در اتاقهای دیگر چیزهای قیمتی زیاد بود ملک جمشید فقط یک شمشیر بران[18] برداشت و پهلوی شمشیر خود بست به کمرش و از آنجا بیرون رفت تا رسید به بیابان مقداری راه رفت تا رسید به یک شهری دید مردم آنجا از تشنگی می نالند[19] گفت:

((چه شده؟))

گفتند سالهاست یک اژدها خوابیده توی چشمه ی ما نمیتوانیم از آن استفاده کنیم وقتی آب میخواهیم یک جوان برایش می بریم میخورد دمش[20] را بلند   میکند و کمی آب گل آلود[21] میآید ما از آب برمیداریم. ملک جمشید گفت این دفعه مرا برای اژدها ببرید من او را میکشم. آنها قبول کردند و او را به طرف اژدها بردند تا او را دید نفس بلندی کشید تا او را ببلعد ملک جمشید دو تا شمشیر به دو دستش گرفت

---

¹⁷ به درد... خوردن 유용하다. 소용이 있다.

¹⁸ [borrān] 날카로운

¹⁹ نالیدن 신음하다. 불평하다. 끙끙거리다.

²⁰ دم او = [domesh]

²¹ [gel ālud] 흙으로 얼룩진.

دستهایش را باز کرد تا به دهان اژدها رفت. شمشیرها از دو طرق دهان اژدها را

برید و آنرا دونیم کرد[22]. آب توی نهر[23] پر شد و به شهر رفت مردم شهر   شادیها

کردند و ملک جمشید را با عزت[24] و احترام به قصر پادشاه بردند. شاه به او محبت

زیاد کرد و گفت بخاطر اینکه ما را از دست اژدها نجات دادی بیا دخترم را به تو

بدهم و ترا جانشین[25] خود بکنم. ملک جمشید گفت:

((من باید بروم پیش پدر و مادرم اگر میتوانید مرا به کشور خودم بفرستید.))

شاه گفت در اینجا کسی نیست که ترا به آن دنیا ببرد مگر یک سیمرغ که میتواند ترا

ببرد. ملک جمشید گفت:

((جای سیمرغ را به من نشان بدهید.))

شاه گفت:

((سیمرغ در فلان صحرا زندگی میکند.))

ملک جمشید راه صحرا را پرسید و به آنجا رفت یکمرتبه دید اژدهایی مثل همان که

توی چشمه خوابیده بود از درختی بالا میرود و از بالای درخت هم صدای جیرجیر

چند جوجه به گوش میرسد شمشیر را کشید و اژدها را به دونیم کرد نصفش را

انداخت جلو جوجه ها که بخورند نصف دیگر را انداخت آنطرف برای مادرشان و

گرفت زیر درخت خوابید.

از آنطرف سیمرغ آمد و دید یکنفر زیر درخت خوابیده خیال کرد اوست که هر سال

بچه هایش را میخورد رفت یک تخته سنگ بزرگ از کوه کند و آورد خواست

بیندازد روی ملک جمشید که بچه ها فریاد زدند و گفتند مادر دست نگه دار که این

---

[22] 둘로 하다. 반으로 나누다.

[23] [nahr] 개울. 냇물.

[24] [bā 'ezzat] 존경스럽게. 존경을 표하며

[25] [jāneshin] 후계자. 계승자

مرد جان ما را از دست اژدها نجات داده و قضیه را تعریف کردند. سیمرغ خوشحال شد آمد پرهایش را باز کرد و روی ملک جمشید سایه انداخت. ساعتی بعد ملک جمشید بیدار شد چشمهایش را باز کرد دید رویش پر از پر است[26] بلند شد نشست دید سیمرغ است. سیمرغ گفت:

((ای جوان تو جان بچه هایم را نجات دادی حالا هر آرزویی داری بمن بگو تا برآورده کنم.))

ملک جمشید گفت:

((من آرزو دارم بروم آن دنیا پیش پدر و مادرم.))

سیمرغ گفت:

((من ترا میبرم فقط هفت تا گوسفند بکش و هفت مشک پر آب با خودت بردار و بیا.))

ملک جمشید رفت پیش پادشاه و ماجرا را گفت و از او خواست که گوسفند و آب در اختیارش[27] بگذارد. شاه و مردم آن شهر از رفتن ملک جمشید ناراحت بودند ولی چاره ای نداشتند هرچه[28] خواسته بود دادند و از او خداحافظی کردند و به بدرقه اش[29] رفتند تا از شهر خارج شد.

ملک جمشید پشت سیمرغ سوار شد و گوشت و آب را هم با خود برداشت سیمرغ هر وقت از او گوشت میخواست یک گوسفند در دهانش میگذاشت و هر وقت آب میخواست یک مشک آب در دهانش خالی میکرد میخواست دفعه ی آخر که سیمرغ گوشت خواست و نبود ملک جمشید یک تکه از ران خود را برید و به دهان سیمرغ

---

²⁶ [ruyash pour az par ast] 깃털투성이이다. 깃털로 가득하다.
²⁷ ...에게 맡기다. ...에게 일임하다. در اختیار...گذاشتن
²⁸ 모든 것. 다.
²⁹ [badraqe] 배웅하는. 호위. 호송

گذاشت. سیمرغ دید گوشت تلخ است فهمید گوشت ملک جمشید است آنرا زیر زبانش

نگهداشت تا رسید نزدیکی شهر ملک جمشید او را به زمین گذاشت و گفت:

((برو))

دید نمیتواند برود گوشت رانش را چسباند و سه تا از پرهایش را به او داد و گفت هر

وقت به من احتیاج داشتی اینها را بسوزان. ملک جمشید پرها را گرفت و از سیمرغ

تشکر کرد و او را بوسید سیمرغ هم از او خداحافظی کرد و روانه دیار خود شد.

ملک جمشید نمیخواست به قصر پدر برود و میخواست مدتی از دور شاهد[30]

کارهای برادرانش باشد به این جهت رفت پیش یک زرگری و شاگرد شد.

این را اینجا داشته باشید بشنوید[31] از[32] ملک محمد که پسر بزرگ بود و عاشق دختر

کوچک شده بود و هی[33] از او میخواست که زنش بشود و او هم هی طفره میرفت[34]

و بهانه[35] میآورد تا آخرش دید بهانه ها تمام شد و ملک جمشید نیامد خواست امتحانی

کند ببیند ملک جمشید آمده یا نه به این جهت به ملک محمد گفت من حاضرم زن تو

بشوم به شرطی که بتوانی یک مرغ و خروس با دوازده جوجه ی طلایی   توی یک

سینی طلا   تهیه کنی. ملک محمد قبول کرد، تمام زرگرهای شهر را   گشت ولی

هیچکس نمیتوانست چنین چیزی درست کند آخرش رسیدند به زرگری   که ملک

جمشید شاگردش بود او هم قبول نکرد اما ملک جمشید گفت استاد قبول کن بقیه با من

آنرا درست میکنم. زرگر گفت:

((تو دو سه روز بیشتر نیست که آمده ای چطور درست میکنی در صورتیکه من

---

[30] شاهد...بودن [shād budan] 입증하다.
[31] 이 문장의 주어는 독자임.
[32] ..관하여. ...대하여
[33] [hei] 계속해서
[34] [tafre raftan] 속여서 지연하다. 회피하다. 얼버무리다.
[35] [bahāne] 구실. 핑계.

سالهاست زرگرم و نمیتوانم.))

ملک جمشید گفت تو فقط قبول کن که گفتم که کاری نداشته باش بقیه اش با من. استاد ناچار قبول کرد و یک هفته مهلت[36] خواست.

ملک جمشید شبها در دکان میخوابید و این یک هفته هم میبایست آن چیزها را درست کند استاد با نگرانی شب تا صبح پشت در می ایستاد و از لای در[37] نگاه میکرد و می دید شاگرد بدون اینکه کار کند همه اش نشسته تخمه می شکند[38] و آواز می خواند. شش شب گذشت شب هفتم هم استاد دید نه، شاگرد مشغول تخمه شکستن است[39] ناراحت شد و از غیظ[40] با خود گفت باشد فردا این پسر را حکومت تنبیه کند[41] تا او باشد و دیگر از این سفارشها قبول نکند و به خانه رفت.

نزدیکیهای صبح ملک جمشید از دکان بیرون رفت رسید به صحرا پر سیمرغ را آتش زد سیمرغ حاضر شد گفت برو ته فلان چاه در فلان اتاق مرغ و خروس و دوازده جوجه ی طلایی توی یک سینی طلا هست بردار و بیاور. سیمرغ رفت و کمی بعد برگشت و آنها را آورد. ملک جمشید آنها را به دکان آورد و صبح به استاد تحویل داد[42] استاد نزدیک بود از تعجب شاخ در بیاورد[43] آنها را برد و به ملک محمد داد دختر همینکه آنهار را دید فهمید ملک جمشید آمده برای اینکه میدانست اینها کار ملک جمشید است اما چیزی نگفت و قبول کرد که عروسی سربگیرد.[44]

همه دعوت شدند جشن شروع شد ملک جمشید رفت پر سیمرغ را آتش زد. سیمرغ

---

[36] [mohrat] 시간적인 여유
[37] 문 사이로
[38] 씨앗을 깨다 즉, 견과류를 깨서 먹는 다는 의미임.
[39] ...하고 있는 중이다. مشغول ... بودن
[40] [gheiz] 화. 분개. 격분.
[41] [tanbih kardan] 혼내주다. 징벌하다. 벌하다.
[42] [tahvil dādan] 전달하다. 배달하다.
[43] 놀라서 뿔이 나올 지경. 즉 매우 놀라다.
[44] 실현되다. 여기서는 결혼식을 거행하다.

آمد گفت برو ته چاه و در فلان اتاق اسب و لباس سفید هست بیاور.   سیمرغ رفت و

آورد. ملک جمشید لباسها را پوشید و سوار اسب شد رفت   عروسی.   در عروسی

داماد با سواران مسابقه گذاشته بود. ملک جمشید قاطی[45] سواران شد و اسب تاخت[46]

تا از همه جلو زد و بعد کمند انداخت[47] و ملک محمد را گرفت و او را کشان کشان[48]

پیش پدرش برد و در آنجا زمین ادب بوسید و نقاب[49] از چهره[50] برداشت.   پادشاه

ملک جمشید را شناخت پیشانی او را بوسید و ماجرا را پرسید. ملک جمشید   عین[51]

قضیه[52] را تعریف کرد. شاه خواست ملک محمد و ملک احمد را به سزای اعمالشان

برساند[53] که ملک جمشید مانع شد[54]، آنها را بخشید و با نامزد[55] زیبایش   عروسی

کرد.

خورد و نوشید، به مطلبش رسید: از آسمان سه تا سیب افتاد یکی مال   قصه گو یکی

مال قصه نویس یکی مال قصه خوان.

---

[45] [qāti] 섞인.

[46] [tākhtan] 질주하다

[47] [kamand andākhtan] 올가미를 걸다. 밧줄로 올가미를 걸다.

[48] کشیدن 동사의 현재 분사형. 끌면서

[49] [neqāb] 복면. 베일. 가면

[50] [chehre] 얼굴.

[51] ['ein] 본래 형태. 실체.

[52] [qaziye] 사건. 사정.

[53] سزای...رساندن [sezā/sazā rasāndan] 대가를 받다. (죄의) 대가를 치루다.

[54] [māne' shodan] 물러서게 하다. 막다.

[55] [nāmzad] 약혼자

휘테메 아가씨
فاطمه خانم

در روزگاران قدیم دختری بود به نام فاطمه خانم. مادر فاطمه خانم مرده بود و پدرش زن دیگری گرفته بود. این زن با فاطمه خانم بد رفتاری می کرد[1]. همیشه سرکوفتش می زد[2] و می گفت :

((فاطمه خانم، چشم دیدن سگ را دارم، گربه را دارم، اما چشم دیدن تو را ندارم.))

همان طور که مار از پونه بدش می آید، این زن هم از فاطمه خانم بدش می آمد. از صبح تا شام هزار جور امر و نهی[3] به او می کرد، و فحشش می داد[4]. اما به دختر خودش از گل نازکتر چیزی نمی گفت و نمی گذاشت[5] دست به سیاه و سفید بزند[6]. سرشام قدر نان خشک جلوی فاطمه خانم می ریخت و خودش و مرد و دخترش در اتاق دیگر شیرین پلو می خوردند.

پدر فاطمه خانم مرد پخمه[7] ای بود و از ترس زنش نمی توانست چیزی بگوید.

روزی زن یک من[8] پنبه[9] داد به فاطمه خانم که :

((برو سر کوه بنشین: تا عصر باید این ها را بریسی.))

---

[1] 못되게 굴다. 나쁘게 행동하다

[2] سر کوفت (او) زدن 심하게 비난하다, 힐책하다,

[3] [nahi] 금지

[4] (그를)욕하다

[5] 조동사로 '허락하다'

[6] به سیاه و سفید دست نزدن 아무것도 손대지 않는다

[7] [pakhme] 얼빠진, 어리석은, 멍청한

[8] 옛날의 도량단위, 지역마다 차이가 있으나, 대략 3kg에서 12kg에 해당함.

[9] [panbe] 면, 솜 단, [pambe]로 읽는다

بعد هم گاو را از طویله در آورد که :

((این را هم ببر آن جا بچران[10]. بگیر، این هم ناهارت.))

قدری نان کپک زده[11] داد به دستش و راهش انداخت. گاو فاطمه خانم از این گاوهای معمولی نبود. زبان آدم ها سرش می شد[12]. مادر فاطمه خانم وقتی که می مرد سفارش دخترش را به گاو کرده بود که خوب مواظبش باشد.

فاطمه خانم پنبه را گذاشت پشت گاو و به راه افتاد. سر کوه که رسید پنبه ها را گذاشت جلوش و مشغول رشتن شد. ناگهان باد سختی آمد و پنبه ها را برداشت و برد. فاطمه خانم دنبال باد دوید و فریاد زد :

((آی، قربان بالت باد[13]، پنبه ی مرا دورتر نبر، زن پدرم دعوایم می کند!))

باد پنبه ها را برد و انداخت به آلونک[14] یک پیر زن. فاطمه خانم رسید به در آلونک و گفت :

((ننه جان، باد پنبه های مرا آورد این جا. اجازه می دهی آن ها را بردارم؟))

پیرزن گفت :

((جان ننه، بیا نگاه کن ببین موهای من تمیزتر است یا مال مادرت.))

فاطمه خانم رفت جلو و موهای پیرزن را زیر و رو کرد[15]، دید پر از شپش[16] و رشک[17] است. گفت :

((البته که موهای تو تمیزتر است!))

پیرزن گفت :

---

[10] چریدن (풀을 뜯어먹다)의 사역형. چر + ..اندن(= ..انیدن)의 명령

[11] [kapak zade] 곰팡이 핀, 곰팡이 난

[12] 그는 그것을 안다

[13] بودن 의 기원형.

[14] [ālunak] 오두막

[15] [zir o ru kardan] 아래 위로 들추다

[16] [shepesh] 이

[17] [reshk] 서캐

((خوب. برو گوشه ی گلیم را بلند کن ببین خانه ی من تمیزتر است یا خانه ی مادرت.))

فاطمه خانم رفت یک گوشه ی گلیم را بلند کرد، دید صدها سوسک[18] و خرچسونه[19] و هزار پا[20] آن جا وول می خورند[21]. گفت :

((اصلا این خانه چه دخلی[22] دارد به خانه ی مادر من؟ خانه ی تو صد مرتبه از مال او تمیزتر است.))

پیرزن گفت :

((بیا ننه، این هم پنبه ی تو. بگیر برو. سر راهت سه تا چشمه ی آب می بینی. توی چشمه ی سفید آب تنی کن، آب چشمه ی سیاه را به موها و ابروهات بزن و آب چشمه ی قرمز را به لب ها و گونه هات.

فاطمه خانم پنبه ها را برداشت و آورد گذاشت کنار گاو و برگشت به چشمه ی سفید و سیاه و قرمز. وقتی که دوباره پیش گاو آمد، دید گاو همه ی پنبه ها خورده و کلاف کرده[23].

آفتاب غروب زن آمد سر کوچه که ببیند فاطمه خانم آتش به جان گرفته[24] چرا دیر کرده. ناگهان دید ماه از ته کوچه در آمد و همه جا را روشن کرد. به آسمان نگاه کرد، دید ماه همیشگی سر جای خودش است. خوب که به ته کوچه نگاه کرد، دید فاطمه خانم است که دا رد می آید[25]، و یک ماه بزرگ وسط پیشانیش می درخشد. از

---

[18] 바퀴벌레
[19] [khar chosune] 투구풍뎅이
[20] 노래기, 발이 많이 달린 지네류, 지네
[21] [vul khordan] 꿈틀거리다. 움직이다
[22] [dakhl] 비교. 관계. 유사
[23] [kalāf kardan] 실타래를 만들다
[24] [ātash be jān gerefte] 주접스러운. 여기저기 참견하고 다니는. 다른 일에 몰두하는
[25] 현재진행형

شدت غضب[26] کم مانده بود که دیوانه بشود. زد توی سر فاطمه خانم که :

((تا حالا کدام گوری بودی؟))

فاطمه خانم سرگذشتش را گفت. زن که این را شنید رفت توی فکر که :

فردا باید دختر خودم را بفرستم.

فردا آفتاب نزده بلند شد. پلو خوبی پخت و با نان تازه در دستمالی پیچید و داد به دخترش و یک پونزا[27] هم پنبه داد که :

((ببر سر کوه بریس.))

دختر تا سر کوه برسد خسته شده بود. سر کوه دراز کشید و خوابید. بعد بیدار شد، یکی دو ساعت کش و قوس[28] رفت و ناهارش را خورد. آن وقت پنبه را در آورد که بریسد. ناگهان بادی آمد و پنبه را برداشت و برد. دختر داد و فریاد به راه انداخت که :

((بالت بشکند، باد! پنبه ی مرا کجا داری می بری؟))

باد پنبه را برد و انداخت به آلونک پیرزن و راهش را کشید و رفت. دختر رسید به در آلونک و با خشم زیاد در را باز کرد و فریاد کشید :

((آهای پیرزن هفهفو[29]، زود باش پنبه ی مرا بده والا[30] هرچه دیدی از چشم خودت دیدی![31]))

پیرزن گفت :

((ننه جان، جوش نزن! بیا تو ببین موهای من تمیزتر است یا مال مادرت؟))

---

[26] [ghazab] 분노. 격노. 격분
[27] یک شانزدهم من 즉, '만'의 1/16 량.
[28] کش و قوس کردن=[kesh o qus kardan] 몸을 비비꼬다. 몸을 뒤틀다
[29] [hafhafu] 노쇠한. 늙어빠진
[30] [vālā] 그렇지 않으면
[31] 내 뜻대로 않해 주었으니 무슨 일을 할 지 몰라

دختر موهای پیرزن را زیر و رو کرد، دید پر از شپش و رشک است. گفت :

((وا، خاک عالم، چه قدر کثیف است!))

پیرزن گفت :

((خیلی خوب. ببین زیر گلیم چه جور است.))

دختر یک گوشه ی گلیم را بلند کرد، دید پر از خرچسونه و سوسک و هزار پاست.

گفت :

((وای که آدم دلش بهم می خورد![32] خانه ی مادر من از گل تمیزتر است.))

پیرزن گفت :

((حالا بیا پنبه ات را بگیر. سر راهت سه تا چشمه ی آب هست. در چشمه ی سیاه آب تنی می کنی، آب چشمه ی قرمز را به موها و ابروهات می زنی و آب چشمه ی سفید را به لب ها و گونه هات.))

دختر بیرون آمد و در چشمه ی سیاه آبتنی کرد، آب چشمه ی قرمز را به موها و ابروهایش زد و آب چشمه ی سفید را به لب ها و گونه هایش.

عصر، زن آمد سر کوچه که دخترش را پیشواز کند[33]. اما به جای ماه چشمش افتاد به یک برزنگی[34] که موها و ابروهایش قرمز بود و لب ها و گونه هاش سفید ؛ و یک چیز بدهم از پیشانیش آویزان شده و   توی دهنش رفته بود و دختر داشت می جویدش[35]. زن دو دستی زد به سر خودش و از هوش رفت.

وقتی که به خود آمد، دخترش را برداشت و برگشت به خانه و فاطمه خانم را تا می خورد کتک زد. خسته که شد رفت بخوابد. اما مگر خواب به سراغش می آمد؟ مثل

---

[32] 마음보와 어울리네!
[33] [pishvāz kardan] 마중하다
[34] [barzangi] 흑인. 피부색이 검은 물체
[35] 그것을 씹고 있었다(과거진행형) 그것을 씹고 있었다(과거진행형) داشت آن را می جوید

مار زده ها³⁶ هی به خودش می پیچید. فکر برش داشته بود³⁷. هیچ از این کارها سر در نمی آورد. آخر سر پیش خود گفت :

((همه ی این چیزها زیر سر گاو است، باید کلکش را بکنم.³⁸))

روز دیگر سر و رویش را زعفران³⁹ مالید و به کمرش نان خشک بست و خود را به ناخوشی زد⁴⁰ و خوابید. مرد که به خانه آمد و رنگ زرد زنش را دید، پرسید :

((چه ات است؟))

زن حرکتی کرد و کمرش را پیچاند. نان خشک خرد شد، انگار⁴¹ استخوان های کمرش از شدت درد صدا می کرد. بعد به شوهرش گفت :

((مگر نمی بینی؟ تمام اعضای بدنم درد می کند. امروز رفتم پیش طبیب، گفت ـ " دوایت گوشت گاو زرد است "))

مرد گفت :

((خیلی خوب، این که کاری ندارد. قصاب سر گذر⁴²، یک گاو زرد سربریده، می روم برایت می خرم.))

زن گفت :

((نه. گوشت هر گاو زردی که دوا درمان نمی شود. گفته گاو زرد خودمان باید باشد.))

فاطمه خانم هر چه⁴³ گریه و زاری و التماس کرد بی فایده بود. پدرش هم

---

³⁶ 마치 뱀에 물린 사람들처럼
³⁷ 온 힘을 다해 생각하다
³⁸ باید او را کلک بکنم [kalak kadan] 없애다, 죽이다. '그를 반드시 없애 버려야겠어'
³⁹ [za'farān] 사프란(염료)
⁴⁰ ...인 척 하다. 가장하다
⁴¹ 마치 ... 인 것처럼
⁴² [sar-e gozar] 골목 어귀
⁴³ 아무리 ...해도

دیگر پاپی نشد⁴⁴ که طبیب از کجا گاو زرد ما را می شناسد.

فاطمه خانم دوید رفت به طویله و دست هایش را انداخت به دور گردن گاو و های های گریه کرد. گاو گفت :

((گریه نکن. من کاری می کنم که گوشتم توی دهن همه شان تلخ بشود اما توی دهن تو شیرین. تو فقط استخوان های مرا به دقت جمع می کنی و زیر آخورم⁴⁵ چال می کنی⁴⁶، هر وقت حرفی، مشکلی داشتی می آیی به من می گویی.))

گاو را که کشتند، زن حالش جا آمد. بلند شد چادرش را زد به کمرش و دیگی بار گذاشت که گوشت گاو را برای شام بپزد.

شب همه نشستند سر سفره که گوشت گاو را بخورند. لقمه ی اول را که توی دهانشان گذاشتند در آوردند. تلخ تلخ بود، مثل زهر. زن نان و پنیر برای خودشان آورد و گوشت ها را ریخت جلو فاطمه خانم که بخورد و بمیرد. فاطمه خانم گوشت را چنان با لذت و اشتها می خورد که دیگران حسودیشان می شد⁴⁷.

چند روز گذشت. عروسی پسر پادشاه بود. زن لباس های نوش را پوشید و دختر خودش را هم بزک و دوزک کرد⁴⁸ که با خود ببرد. فاطمه خانم هر چه کرد که او را هم با خود ببرند، زن گفت :

((تو و عروسی پسر پادشاه؟ حرفش را هم نزن که نمی توانم آبروی خودم را ببرم.))

آن وقت دو تایی رفتند به عروسی. فاطمه خانم آن قدر گریه کرد که چشم هایش

---

⁴⁴ پا پی نشدن [pā pei nashodan] 추적하지 않다. 주장하지 않다

⁴⁵ آخور من 나의 먹이통

⁴⁶ 땅밑에 묻다

⁴⁷ [hasudi shodan] 그들은 샘(시기)을 내고 있었다.(비인칭동사)

⁴⁸ [bazak o duzak kardan] 지나치게 꾸미다

باد کرد[49]. کمی گلدوزی کرده بود که ناگهان حرف های گاو یادش آمد. بلند شد رفت کنار آخور گاو. استخوان ها را در آورد و حال و قضیه را گفت. زود یک اسب سفید و یک دست لباس سفید حاضر شد. فاطمه خانم لباس ها را پوشید و سوار اسب شد. یک جیب لباس سفیدش پر طلا و اشرفی بود و یک جیبش پر خاکستر. فاطمه خانم به اسب هی زد[50] و راه افتاد به طرف قصر پادشاه. قراول ها[51] از دیدن چنین شاهزاده خانم زیبایی مات و مبهوت و انگشت به دهان ماندند و نتوانستند جلوش را بگیرند.

فاطمه خانم رفت تو و شروع کرد به رقصیدن. همه ی زن ها و دخترها دو چشم داشتند، دو چشم دیگر هم قرض کردند و محو تماشای زیبایی و پایکوبی فاطمه خانم شدند[52]. فاطمه خانم رقصش تمام که شد، اشرفی ها را انداخت به طرف حاضران و خاکستر را ریخت توی چشم نامادری و دخترش و آمد بیرون.

نامادری و دخترش داد زدند :

((وای، چشم هایم کور شد! .... بگیریدش[53]! ....))

زن ها و دخترها تا آمدند به خود بجنبند[54] و ببینند چه شده، فاطمه خانم به خانه شان هم رسیده بود. تا برگشتن نامادری و دخترش لباس ها را کند و استخوان ها را دوباره چال کرد و پرداخت به رفت و روب[55] اتاق ها و حیاط.

عصر ننه و دخترش آمدند. مثل ابر زمستان گرفته بودند. فاطمه خانم گفت :

((ننه، آن چه خوردی مال خودت، از آن چه دیدی برایم تعریف کن.))

---

[49] 부어오르다. 몸이 붇다
[50] [hei zadan] 계속 몰다. 몰아붙이다
[51] [qarāvol] قراول + ها 경비들. 파수꾼들
[52] [mahv shodan] 사라지다. 없어지다
[53] او را بگیرید!
[54] [jonbidan] 서두르다. 움직이다. 흔들리다
[55] [roft o rub] 청소

زن ناگهان به حرف آمد و نفرین هایی کرد که اگر یکی مستجاب می شد[56]،
گوشت به تن دخترهی رقاص نمی ماند. گفت :

((یک دختر آمد مثل ماه. طوری رقصید که همه انگشت به دهن ماندند. اما آخر
سری[57]، جوانمرگ شده[58] برای دیگران طلا و اشرفی انداخت و برای ما
خاکستر. کم مانده بود هر دومان کور بشویم.))

فاطمه خانم پرسید :

((دختره را چه کارش کردند؟))

زن گفت :

((تا آمدند بگیرندش، ذلیل شده[59] در رفت....))

فردا باز زن و دخترش خواستند به عروسی بروند. فاطمه خانم التماس کرد :
((ننه، امروز مرا هم با خود ببر ببینم عروسی پسر پادشاه چه طور
می شود.))

زن به سرش داد زد :

((برو گم شو! روت باز نشود! من نمی توانم تو را همراه خودم ببرم که آبرویم
پیش در و همسایه[60] بریزد.))

وقتی زن و دخترش رفتند، فاطمه خانم باز رفت به سراغ استخوان های گاو.
این دفعه یک اسب زرد و یک دست لباس زرد برایش حاضر شد. فاطمه
خانم لباس ها را پوشید و سوار اسب شد و رفت به عروسی. باز مثل دیروز
طلا و اشرفی را به طرف حاضران انداخت و خاکستر را ریخت توی چشم

نامادری و دخترش و بیرون آمد. عصری که ننه و دخترش برگشتند گفت :

((ننه، آن چه خوردی مال خودت، از آن چه دیدی برایم تعریف کن.))

نامادری باز شروع کرد به نفرین و ناسزا[61] و گفت :

((امروز هم باز همان دختر آمده بود. لباس زرد پوشیده بود. رقصید و رقصید و آخر سر باز قسمت ما خاکستر شد و قسمت دیگران طلا و اشرفی.))

فردا باز خواستند به عروسی بروند. فاطمه خانم گفت :

((ننه، یک دفعه هم مرا با خودت ببر. دلم می خواهد عروسی پسر پادشاه را تماشا کنم.))

زن تشر زد[62] :

((به خیالت کسی هستی[63] که بتوانم تو را با خودم ببرم به عروسی پسر پادشاه؟ دیگر حرفش را هم نزنی!...))

این دفعه فاطمه خانم یک دست لباس سرخ پوشید و اسب سرخی سوار شد و رفت به خانه ی پادشاه. باز رقصید و رقصید و اشرفی ها را انداخت به طرف حاضران و خاکستر ریخت توی چشم نامادری و دخترش و بیرون آمد. سر راه پایش لغزید[64] و یک لنگه کفش[65] طلاییش افتاد در چشمه ی آب. تا نامادری و دخترش بیایند لباس ها را کند و نشست و پرداخت گلدوزی.

وقتی که زن و دخترش برگشتند. مثل هر روز یک چیزی این پرسید و یک چیزی آن ها جواب دادند.

چند روز بعد پسر کوچکتر پادشاه رفت سر چشمه، اسبش را آب بدهد.   اسب نگاه

---

⁶¹ [nāsazā] 악담. 저주
⁶² [tashar zadan] 거만하게 말하다
⁶³ 네 생각으로는 내가 널 왕자님 결혼식에 데려갈 사람이라고 보이니?
⁶⁴ لغزیدن [laghzidan] 미끄러지다. 발이 걸려 넘어지다.
⁶⁵ 신발 한 짝

کرد توی چشمه و رم کرد[66]. پسر پادشاه گفت :

((ببینید توی چشمه چه هست.))

غلامان گشتند و یک لنگه کفش طلایی زنانه پیدا کردند. پسر پادشاه تا لنگه کفش را دید دهنش آب افتاد[67]. پیش خود گفت :

((صاحب چنین کفشی باید خیلی زیبا باشد، حتما پیدایش می کنم و می گیرمش[68].))

لنگه کفش را داد به کنیزها و گفت :

((بروید تمام شهر را بگردید و صاحب این کفش را پیدا کنید.))

کنیزها به راه افتادند و یک یک خانه ها را گشتند. هر جا زنی، دختری بود لنگه کفش را به پایش کردند. اما بیهوده بود یا گشاد بود یا تنگ. آخر سر رسیدند به در خانه ی فاطمه خانم. زن، تا خبر شد فورا فاطمه خانم را توی تنور کرد و دهانه اش را بست و رویش ارزن[69] ریخت که مرغ ها بخورند.

کنیزهای پسر پادشاه در زدند و آمدند تو، گفتند :

((دخترت را بیاور این جا.))

زن دختر خودش را جلو آورد. کنیزها لنگه کفش را در آوردند که به پایش بکنند، دیدند پای این دختر آن قدر گنده است که لنگه ی کفش تا پنجه اش هم تو نمی رود. گفتند :

((دختر دیگری نداری؟))

زن قسم خورد[70] که ندارد. کنیزها بلند شدند که بروند. ناگهان خروس بانگ زد[71]:

((قوقولی، قو... قو ⁷²

فاطمه خانوم، تو تنوره

اما صورتش چه پر نوره

سوزن می زنه تو خاکستر

نقشه می دوزه از گل به تر.))

کنیزها به صدای خروس برگشتند، گفتند :

((این خروس چه دارد می گوید؟))

زن لگدی به بال خروس زد و گفت :

((کیش!⁷³ ...))

کنیزها به صدای خروس برگشتند، گفتند : این خروس

((قوقولی، قو... قو

فاطمه خانوم، تو تنوره

اما صورتش چه پر نوره

سوزن می زنه تو خاکستر

نقشه می دوزه از گل به تر.))

این دفعه کنیزها برگشتند، دهانه ی تنور را برداشتند و دیدند دختر زیبایی مثل پنجه ی آفتاب توی خاکسترها نشسته و گلدوزی می کند. لنگه ی کفش را به پایش کردند، دیدند درست به اندازه ی پای اوست. شاد و خندان برگشتند پیش پسر پادشاه و حال و احوال را گفتند. پسر پادشاه شاد شد و گفت که خروس را هم باید بیاورید

---

⁷¹ [bang zadan] 울다. 소리를 지르다.
⁷² 닭의 울음소리. 꼬꼬댁 꼬꼬
⁷³ [kish] 새를 쫓는 소리. 쉿.

پیش ما بماند. هفت شبانه روز جشن گرفتند و شهر را آذین بستند. شب هفتم که می خواستند عروس را به خانه ی داماد ببرند، زن گفت :

((دخترم را خودم به خانه ی داماد می برم.))

اما عوض این که فاطمه خانم را ببرم، دختر خودش را برد. سر و صورت فاطمه خانم را هم خاک سیاه مالید و باز توی تنور کرد. پسر پادشاه نگاهی به عروس کرد و فهمید که عروس عوضی است. گفت که لنگه کفش را بیاورند. آوردند و دید که به پای این نخورد. در این موقع خروس باز بانگ زد که :

((قوقولی، قو... قو

فاطمه خانوم، تو تنوره

اما صورتش چه پر نوره

سوزن می زنه تو خاکستر

نقشه می دوزه از گل به تر.))

پسر پادشاه امر کرد، رفتند فاطمه خانم را آوردند و نامادری و دخترش را هم بستند به دم قاطر چموش[74] و ول کردند[75] به کوه و صحرا.

---

[74] [chamush] 제멋대로
[75] [val kardan] 방치하다. 봐두다. 마음대로 하게 두다.

일곱 형제

هفت برادر

هفت برارد بودند که خواهر نداشتند. مادر آبستن[1] بود و برادران آرزوی داشتن[2] خواهری را در سر می پروراندند[3]. روزی که مادر داشت[4] فارغ می شد[5] برادران هم می خواستند برای شکار به جنگل بروند. یک کارد و قیچی[6] به ماما[7] دادند و به او گفتند :

((اگر مادرمان پسر زایید[8]، کارد را بر در خانه آویزان کن. و اگر دختر زایید قیچی را.))

و آن وقت به جنگل رفتند. تا آنها پشت می کنند، مادرشان فارغ می شود و از قضای روزگار برای آن ها یک خواهر خوشگل به دنیا می آورد. اما ماما اشتباه می کند و به جای قیچی ، کارد را بر سر در آویزان می کند. برادران وقتی از جنگل بر می گردند کارد را بر سر در می بینند، ناراحت می شوند از این که باز صاحب برادر شده اند. پس تصمیم می گیرند که دیگر به خانه بر نگردند.

سال ها از این جریان می گذرد و خواهر بزرگ و بزرگ تر می شود تا وقت شوهر کردنش فرا می رسد[9]. روزی دختر با دوستانش در آفتاب نشسته بود و داشت

---

[1] [ābestan] 임신
[2] [ārzu dāshtan] 희망을 가지다, 희망을 가짐.
[3] در سر پروریدن 의 사역형, 키우다
[4] 과거진행형
[5] [fāregh shodan] 아이를 낳다, 분만하다, 끝내다
[6] [qeichi] 가위
[7] مادر
[8] زاییدن (아이를) 낳다
[9] [farā residan] ...시간이 되다

جوراب می بافت که یکی از دختران خطایی می کند[10]. یک نفر از میان جمع می گوید :

((به جان برادرم من نبودم[11].))

دیگری می گوید :

((به جان خواهرم من نبودم.))

سومی به جان مادرش قسم خورد و خلاصه هر کس به جان عزیزش قسم می خورد تا نوبت خواهر آن هفت برادر می رسد و او به جان گربه نرش[12] قسم می خورد.

دوستانش همه خنده می کنند و بر سرش می زنند و می گویند :

((بیچاره تو هفت تا برادر داری چرا به گربه قسم می خوری؟!))

دختر قهر می کند[13] و می آید تمام ماجرا را برای مادرش تعریف می کند و از مادرش می پرسد :

((آیا راست است که من هفت برادر دارم؟))

مادرش می گوید :

((آری.))

و جریان هفت برادر را برای او تعریف می کند.

یک روز مادر کله پاچه ای[14] به او می دهد و می گوید :

((ببر سرچشمه پاکش کن.))

دختر مشغول شستن بود که کلاغی می آید و قارقار می کند و می گوید :

((یک کمی از کله پاچه ات را به من می دهی؟))

---

[10] [khatā kardan] 실수하다. 잘못하다. 죄를 저지르다. 방귀를 꾸다

[11] 맹세하다

[12] گربه ی نر او 그의 숫고양이

[13] [qahr kardan] 불쾌해하다. 격노하다

[14] 여기서는 '칼레파체(이란음식이름)'을 담은 그릇이란 의미임.

دختر کمی به او می دهد. کلاغ باز قارقار می کند و می خواهد. دختر شرطی[15] می گذارد و می گوید :

((اگر مرا پیش هفت برادرم ببری، بقیه ی کله پاچه را به تو می دهم.))

کلاغ می گوید :

((باشد، برو یک طناب برایم بیاور تا تو را پیش هفت تا برادرت ببرم.))

دختر از خانه طنابی می آورد و کلاغ آن را نک می گیرد[16] و دختر را که سر طناب دستش بود، با خود بلند می کند. می برد و می برد و جلوی خانه هفت برادران روی زمین می گذارد.

دختر به داخل خانه می رود و می بیند برادرانش نیستند[17] و همه چیز به هم ریخته است[18]. خانه را جارو می زند و برای آن ها غذا می پزد و بعد می رود داخل کوزه ای مخفی می شود[19].

برادران می آیند و می بینند اطاق جارو شده و غذا آماده است تعجب می کنند. آنها غذای شان را می خورند و می خوابند. فردا و پس فردا نیز همین کار صورت می گیرد. سه روز می گذرد. برادران با خود فکر می کنند چه کسی این کار را می کند، کار انس[20] است یا جن و پری[21]؟

برادر کوچک می گوید :

((شما بخوابید من بیدار می مانم تا ببینم چه کسی این کار را می کند.))

بعد کمی از انگشت کوچکش را با چاقو می برد که دردش بگیرد و خوابش نبرد.

---

[15] 하나의 조건
[16] نک گرفتن 부리로 잡다
[17] (그곳에)없다
[18] 헝클어져 있는. 엉망진창인
[19] [makhfi shodan] 감추다. 숨기다
[20] [ens] 사람의. 인간의
[21] [jenn o pari] 진과 요정. 정령(精靈)

خواهر طاقت نمی آورد   و   از کوزه در می آید و خودش را نشان می دهد. اما هفت برادر   خیال می کنند او دختری است که تصادفی آنجا آمده. یکی از برادران می گوید او باید زن من بشود. دیگری می گوید نه باید زن من بشود. هر یک او را برای خودش می خواهد به زنی بگیرد. دختر به حرف می آید و می گوید :

((خجالت نمی کشید من خواهر شما هستم.))

و بعد داستان خودش را تعریف می کند و می گوید که آن روز زن ماما اشتباه کرده بود به جای قیچی، کاردی بر سر در خانه آویزان کرده بود.

برادران خیلی خوشحال می شوند و آرام می گیرند. صبح روز بعد به خواهرشان می گویند :

((ما باید برویم بیرون، این خانه و اثاثیه در اختیار توست اما یادت باشد آتش اجاق را خاموش نکن و این کشمش ها را هم نخور چون مال گربه است. اگر آنها را بخوری آتش اجاق خاموش می شود و اتفاق بدی می افتد.))

برادران راه می افتند و خواهر هم شروع به کار می کند. اول همه جا را آب و جارو می کند، بعد گربه را صدا می زند تا کشمش ها را به او بدهد. اما از گربه خبری نمی شود. خواهر کشمش ها را می خورد و باز شروع به کار می کند. گربه وقتی می آید می بیند کشمش ها نیست. می رود بالای بام و از سوراخ بام توی اجاق ادرار می کند[22] و آتش آن را خاموش می کند.

خواهر همان طور که مشغول کار کردن بود با خود می گوید :

((ای وای دیرم شده غذا نپختم الان برادران می آیند و گرسنه هستند!))

به طرف اجاق می رود می بیند آتش خاموش است و دود می کند. مسیر دود را دنبال می کند. می بیند پیر زن زشتی آن جا ایستاده و نگاهش می کند.

پیرزن می گوید :

((دختر جان، قربانت بروم[23] چه عجب کردی این جا آمدی! انگشتت را بده تا یک انگشتری بیندازم. تو برای پسر پادشاه نامزد شدی و این انگشتر را هم او داده است که به دستت کنم.))

خواهر دستش را طرف او می گیرد و او انگشت دختر را می مکد[24]. دختر بیهوش می شود و می افتد.

برادران که از جنگل برمی گردند، می بینند خواهرشان غش کرده و روی زمین افتاده است و آتش اجاق خاموش است. همه چیز را می فهمند و با خود می گویند این همه به او سفارش کردیم، به حرف ما گوش نداد.

هر طور بود[25] خواهر را به هوش می آورند و او هم ماجرا را برایشان تعریف می کند.

برادران به خواهرشان یاد می دهند که فردا خمیر بگیرد[26] و آتش تنور را روشن کند، پیرزن که آمد از او بخواهد برایش نان بپزد، وقتی که خمیر نزدیک است تمام شود بگوید که بقیه نان را من می پزم. بعد که به لب تنور رسید پیرزن را هول دهد[27] و داخل تنور بیندازد. روز بعد خواهر تمام دستورات برادران را مو به مو[28] اجرا کرد و پیرزن را به داخل تنور انداخت و بعد از آن سال های سال باهم زندگی کردند.

---

[23] 상대방에게 존경과 사랑을 나타낼 때 하는 말. 직역은 '나는 당신을 위한 희생양이 되겠다'라는 의미

[24] [makidan] 현재어근(مک). 빨다

[25] 모든 방법을 다하다

[26] درست کردن خمیر = 반죽을 만들다

[27] [houl dādan] 밀다. 힘을 가해 충격을 주다

[28] 낱낱이. 꼼꼼히

인 (人), 반 인 (半人), 비 인 (非人)

مرد، نیمه مرد، نا مرد

در روزگار قدیم سه نفر بودند به نام های ((مرد))، ((نیمه مرد))، ((نامرد)). این سه تن تصمیم می گیرند برای کسب و کار[1] از محل زندگی شان به جای دوری بروند.

بنابراین، هر یک چند قرص نان بر می دارند و حرکت می کنند.

پس از طی کردن مسافتی[2] گرسنه شان می شود و می نشینند تا نانی بخورند. ((مرد)) سفره اش را پهن می کند و دو نفر دیگر با اشتهای تمام نان های او را می خورند. پس از خوردن نان ها، هر سه حرکت می کنند. باز هم مسافتی را طی می کنند و دوباره گرسنه می شوند. این دفعه، ((نیمه مرد)) نصف نانش را می آورد و می خورند. ولی بشنوید از منزل[3] سوم، در منزل سوم گرسنگی به آنها فشار می آورد، اما ((نامرد)) نانی به آنها نمی دهد و می گوید :

((من برای خودم نان آورده ام نه برای شما، من به شما چیزی نمی دهم .))

((مرد)) هاج و واج[4] و با چشمانی گرد شده از حیرت[5] به او نگاه می کند. ((نیمه مرد)) که نصف نان ها برای باقی مانده بود به همراه ((نامرد)) می رود و ((مرد)) را تنها می گذارند.

آن دو که رفتند، ((مرد)) در بیابان تنها ماند. رفت و رفت، تا این که پس از کمی

---

[1] [kasb o kār] 업무, 일
[2] طی مسافت کردن 과 동일하고, 그 의미는 (얼마의) 거리를 가다(여행하다)임.
[3] 여기서는 여행 중 잠시 들른 곳이나 장소를 의미함.
[4] [hāj o vāj], 몹시 놀란
[5] [heirat] 당황, 놀람, 난처함

جستجو کلبه ای⁶ وسط بیابان دید و وارد آن شد. خوب نگاه کرد و فهمید که این کلبه جای خوب حیوانات وحشی است.

دیگر غروب بود و وقت بازگشتن حیوانات به کلبه، ((مرد)) هم از ترس جانش⁷ به پشت بام رفت. حیوانات یکی یکی آمدند و ((مرد)) از پشت بام آنها را می دید. حیوانات به محض ورود متوجه بوی آدمیزاد در خانه شدند، ولی کسی را در خانه ندیدند. نتیجه گرفتند که شاید آدمیزادی داخل کلبه شده و بعد رفته و بویش مانده. توجه نکردند و در مورد آنچه دیده و شنیده بودند⁸ به صحبت پرداختند. خرس پشتش را به دیوار کلبه خاراند و با صدای کلفتش⁹ گفت :

((زیر سنگ آسیاب فلان آسیاب کهنه، یک دیگ بزرگ سکه ی طلا دفن¹⁰ است. اگر کسی پیدا بشود که جای آن را بداند، می تواند آن را بگیرد.))

((مرد)) شنید و لبخندی زد. پلنگ با چشمان برق و درخشنده اش تمام حیوانات را نگاه کرد و گفت :

((دوستان! زیر ریشه ی فلان درخت هم یک خم¹¹ بزرگ سکه دفن است و هر صبح یک جوجه تیغی¹² می آید و روی آن می نشیند.))

((مرد)) با خوشحالی تمام گوش هایش را تیز کرد¹³.

گرگ زوزه ای کشید¹⁴ و گفت :

((در حمام قدیمی نزدیک رودخانه یک دیگ سیاه است که داخل آن آب گرم می

---

⁶ یک کلبه 한(또는 어떤) 오두막집

⁷ 여기서는 그 자신은

⁸ (그 동물들은) 보고 들은 것을 모두

⁹ (그의) 목쉰 목소리로

¹⁰ 묻혀있는

¹¹ [khom] 통

¹² [juje tighi]고슴도치

¹³ 보다 잘 듣기 위해 귀를 세우다(기울이다)

¹⁴ (개나 이리따위가) 소리내어 울다

کنند، اما جنسش[15] از طلاست و هیچ کس نمی داند.))

((مرد)) همه ی صحبت ها را شنید و کمی خودش را جا به جا کرد.

حیوانات دوباره بوی آدمیزاد را احساس کردند و گفتند :

((این آدمیزاد باید بالای پشت بام باشد.))

((مرد)) ترسید و نفسش بند آمد. حس کرد تا لحظه ای دیگر   خرس به پشت بام خواهد آمد. از ترس دست در خرجینش[16] برد و سرنا یش[17] را برداشت و شروع به دمیدن[18] در سرنا کرد. خرس با شنیدن صدای سرنا ترسید و از روی نردبان افتاد.

((مرد)) خوشحال شد و این بار محکم تر در سرنا دمید. حیوانات از صدای سرنا به جنب و جوش افتادند و به هم تنه زدند، که در[19] کلبه هم در این تنه زدن ها بسته شد.

((مرد)) که هنوز ترسش نریخته بود، تا صبح در سرنا دمید. از قضا[20]، کاروانی با سی شتر پارچه، جواهر و وسایل قیمتی دیگر[21] از نزدیکی کلبه می گذشت.

ساربان[22] متوجه سرو صدای داخل کلبه شده و کنجکاوی اش تحریک شد[23]، بنابراین در کلبه را باز کرد. حیوانات که به شدت ترسیده بودند، به سرعت از کلبه خارج شده و پا به فرار گذاشتند.

((مرد)) از پشت بام پایین آمد. اخمی کرد[24] و با صدایی کلفت و خشم آلود[25] به ساربان گفت :

---

15 (그 즉, 솥의) 자질
16 배낭, 작은 가방
17 악기 이름. 피리와 나팔의 일종
18 입김을 불어넣다, 여기서는 악기를 불다로 해석됨.
19 [dar]문
20 우연히
21 여기서는 일상적이지 않게
22 [sārbān, sāreban] 낙타모는 사람
23 [tahrik shodan] 자극되다
24 눈쌀을 찌프리다, 얼굴을 찡그리다
25 화가 난

((مرد حسابی[26]! جواب پادشاه را چه می خواهی بدهی؟))

ساربان رنگ و رویش را باخت[27] و با لکنت[28] پرسید :

((مگر چه گناهی مرتکب شدم[29]؟))

((چه گناهی؟ چرا حیوانات را فراری دادی!؟))

ساربان بیچاره مات و مبهوت، فقط به ((مرد)) نگاه کرد و ((مرد)) با همان صدای کلفت و ابروهای گره افتاده اش[30] ادامه داد :

((پادشاه این حیوانات وحشی را به من سپرده بود تا به آنها رقص و بازی یاد دهم و حالا تو فراری شان داده ای[31].))

ساربان از ترس پادشاه مقدار قابل توجهی از بارهایش را به ((مرد)) داد و به سرعت از آنجا دور شد. ((مرد)) پس از آن به سراغ آسیاب، درخت و حمام رفت و آنچه را که حیوانات گفته بودند پیدا کرد. تصمیم گرفت همانجا را آباد کند[32] و با پولش زمین های بایر[33] را زیر کشت ببرد. طولی نکشید که شهرتش در تمام ولایت پیچید.

((نیمه مرد)) و ((نامرد)) هم برای کار و دریافت کمک پی او آمدند، اما ((مرد)) را نشناختند. ((مرد)) آنها را شناخت و خودش را معرفی کرد. ((نامرد)) از او پرسید :

((خوب، چطور در این مدت کوتاه ثروتمند شدی!؟))

((مرد)) جواب داد :

((من مثل تو نامرد نیستم و رازم را برای تو تعریف می کنم.))

---

[26] 도리에 맞는, 훌륭한
[27] رنگ باختن 파래지다, 창백해지다
[28] [bā loknat] 더듬거리며
[29] [mortakeb shodan] 죄를 범하다
[30] 눈썹을 찡그려 불쾌함을 드러내는 모습, 즉, 화가 난
[31] آنها را افراد داده ای
[32] 살기 좋게 만들다, 번영시키다
[33] [bāyer] 미개간의, 일구지 않은, 불모의

و تمام ماجرا را تعریف کرد. ((مرد)) به ((نامرد)) کمکی نکرد، اما به ((نیمه مرد)) کمک کرد و گفت :

((تو می توانی همین جا کار کنی، چون من نان و نمک تو را خورده ام.))

((نامرد)) هوس کرد[34] که به سرعت ثروتمند شود، بنابراین به سراغ آن کلبه رفت، به پشت بام رفت و منتظر ماند. شب کم کم از راه رسید. حیوانات یکی یکی آمدند و بوی آدمیزاد را در داخل خانه حس کردند. از آن جا که تجربه داشتند، به سرعت و بدون سرو صدا به پشت بام رفتند و ((نامرد)) را قبل از این که دست به سرنا ببرد کف کلبه انداختند و تکه تکه کردند.

و این گونه بود که : ((مرد)) مرد شد و ((نیمه مرد)) نیمه مرد و ((نامرد)) مرد[35].

---

³⁴ [havas kardan] 열망하다, 갈망하다
³⁵ [mard mard shod va nimemard nime mord va nāmad mord] 구전의 맛을 살리기 위해 발음의 운을 넣었다, (사람다운)사람은 사람이 되었고 (반 만 사람다운)반 사람은 반 만 죽었고 (사람답지 못한) 사람은 완전히 다 죽었다.

생선장수 딸과 신발 한 짝

دختر ماهی فروش و لنگه کفش

مرد ماهی گیری بود که یک زن و یک دختر داشت. ماهی گیر[1] به دریا می رفت ماهی صید می کرد[2] و آن را در بازار می فروخت و از این راه روزگار می گذراند[3]. دختر او پیش ملاباجی[4] درس می خواند. ملاباجی هم خواستار پدر دختر بود و هی به دختر فشار می آورد که :

((یه[5] کاری بکن، پدرت مرا بگیر.))

دختر خواسته ی ملاباجی را به پدرش گفت. اما ماهی گیر که نمی توانست روزگار دو تا زن را بچرخاند[6]، جواب رد داد. دختر هم آمد و جواب پدرش را گذاشت کف دست ملاباجی. اما ملاباجی منصرف نشد[7] که هیچ آتشش تندتر شد. روزی به دختر گفت :

((پاشو این کاسه را ببر به خانه تان و به مادرت بده و بگو برای من کفی تفاله[8] ی سرکه توی آن بریزد، وقتی رفت سر خمره[9] هلش بده[10] داخل آن.))

دختر کاسه را گرفت و به خانه آمد و همان کاری را کرد که ملاباجی خواسته بود،

---

[1] [māhi gir] 어부
[2] [seid kardan] 낚시질하다. 사냥하다
[3] 생활을 해 나가다
[4] [mollābāji] 서당의 여선생님
[5] یک
[6] = اداره کردن 다루다. 운영하다. 여기서는 부양하다
[7] [monsaref shodan] 마음을 바꾸다. 단념하다
[8] [tofāle] 찌꺼기
[9] [khomre] 큰 항아리. 술 항아리. 큰 통
[10] [hol dādan] 밀다. 떼밀다. 서로 밀다

بعد هم به مکتب[11] برگشت.

عصر شد دختر به خانه آمد، پدرش پرسید :

((مادرت کجاست؟))

گشتند و دیدند پاهایش از تو خمره به هوا رفته و خودش هم خفه شده است. مادره[12] که مُرد، ملاباجی توسط دختر به مرد ماهی گیر پیغام فرستاد که بیاد و مرا بگیر تا مواظب دخترت باشم[13] و به خوبی بزرگش کنم. مرد ماهی گیر راضی شد و ملاباجی را عقد کرد و به خانه اش آورد.

ده پانزده روزی ملاباجی با دختر خوب تا کرد اما بعد از آن کم کم شروع کرد به بدرفتاری. روزها که پدره[14] ماهی ها را به خانه می آورد، ملاباجی آن ها را به دختر می داد تا به دریا ببرد و بشورد[15]!

یک روز دختر همین طور که داشت[16] ماهی ها را می شست، یکی از ماهی ها از دستش لیز خورد[17] و افتاد تو دریا. شروع کرد به گریه و زاری که :

((زن بابا مرا می کُشد.))

در حال نالیدن[18] بود که دید یک ماهی بزرگ سرش را از آب بیرون آورد، در دهنش هم یک ماهی بود آن را به خشکی انداخت و گفت :

((این ماهی به عوض آن یکی که افتاد تو آب. از این به بعد[19] من مثل مادرت از تو مواظبت می کنم. حالا بنشین تا برایت ناهار بیاورم.))

---

[11] [maktab] 서당. 옛날식 학교
[12] آن مادر
[13] مواظب... بودن [movāzeb··· budan] 보살피다. 돌보다. 주의하다
[14] آن پدر
[15] بشوید=
[16] 완전진행을 나타내는 조동사. ...하는 중 이었다
[17] [liz khordan] 미끄러지다
[18] [nālidan] 흐느껴 울다
[19] 이제부터 앞으로

ماهی رفت زیر آب و با یک بشقاب پلو بیرون آمد آن را به دختر داد و گفت :

((هر وقت با من کاری داشتی صدا بزن: ننه[20] ماهی! من فوری حاضر می شوم.))

روزی زن پدر دختر می خواست به مهمانی برود. رفت و رخت چرک[21] های طلبه[22] های یک مدرسه را آورد ریخت جلو دختر که :

((بشور تا من برمی گردم اتاق را هم تمیز کن.))

دختر لباس ها را برداشت و گریان[23] آمد لب دریا و ننه ماهی را صدا کرد. ننه ماهی وقتی حکایت را شنید لباس ها را از او گرفت و زیر آب برد، بعد با یک دست[24] لباس زیبا برگشت و آن را به دختر داد و گفت :

((این لباس را بپوش و تو هم به مهمانی برو و آشنایی هم به کسی نده[25].))

دختر به مهمانی رفت و چشم همه ی مهمان ها به او خیره شد[26]. وقتی از مهمانی بر می گشت آمد از جوی آب بپرد، یکی از لنگه کفش هاش توی آب افتاد و آب آن را با خود برد به اصفهان[27]. آنجا کفش را از آب گرفتند و بردند پیش شاه عباس. پسر پادشاه چشمش که به لنگه کفش افتاد، ندیده[28] عاشق صاحت آن شد. به امر پادشاه یک نفر راهی شد تا صاحب کفش را پیدا کند.

مأمور[29] آمد و آمد تا رسید در خانه ی ماهی گیر. ملاباجی دختر خودش را آورد تا کفش را به اندازه بزند، از بس[30] پایش بزرگ بود کفش را پاره کرد. مأمور گفت :

---

[20] [nane] 엄마
[21] [rakht-e cherk] 때묻은 옷
[22] [talabe] 신학교의 학생
[23] [geryān] 울면서. 눈물을 흘리는
[24] 옷의 단위를 나타내는 관용사. ...벌
[25] آشنایی دادن 자신을 소개하다. 인사하다
[26] [khire shodan] 어리둥절하다. 깜짝 놀라다. 응시하다. 뚫어지게 보다
[27] [esfahān] 지명
[28] 보지는 못했지만
[29] [m'amur] 명을 받은 사람
[30] ...하기에 충분한(하다)

((نه این کفش مال این دختر نیست.))

ملاباجی دختر مرد ماهی گیر را صدا کرد. دختر آمد و تا پا توی کفش کرد مأمور فهمید که صاحب کفش همین دختر است. خبر به پادشاه فرستاد و آن ها هم از دختر خواستگاری کردند. دختر بی جهاز[31] به سمت شهر اصفهان و قصر پادشاه می رفت که یک وقت پشت سرش را نگاه کرد دید هفت شتر جهیزیه[32] بر پشت، دارند[33] از دنبالش می آیند. روی هم شتر هم یک کنیز نشسته بود. وقتی عروس وارد عمارت سلطنتی شد، دیدند هفت تا شتر جهیزیه هم وارد شد. گفتند :

((مال کیست؟))

شنیدند :

((مال دختر است.))

خبر به پادشاه بردند که وقتی ما دختر را خواستگاری کردیم، زن بابای دختر گفت ما چیزی نداریم بدهیم اما حالا هفت تا شتر جهیزیه با هفت کنیز وارد شدند. لنگه کفش هم توی بار یکی از شترهاست. پادشاه دختر را صدا کرد و دختر همه ی آن چه بر او گذشته بود برای شاه عباس تعریف کرد.

فردا شاه عباس دختر را برداشت و با هم رفتند لب دریا. دختر صدا زد :

((ننه ماهی!))

ماهی سرش را از آب بیرون آورد. دختر از او خواست که حقیقت[34] را به شاه بگوید. ماهی گفت :

((من دختر شاه پریانم[35]، به جلد[36] ماهی رفته بودم که در تور پدر این دختر افتادم و

چون به دست این دختر نجات پیدا کردم، عهد کردم[37] که به او کمک کنم.))

شاه دختر را به قصر آورد. بعد فرستاد دنبال زن بابای دختر و به او گفت :

((این دختر بچه بود نمی فهمید، تو که بزرگ بودی. حالا به سیاه چال[38] بیندازمت[39]

یا دارت[40] بزنم؟))

بٲٮؙٰ دوٮ이 소 도둑 된다

تخم مرغ دزد ، شتر دزد می شود[1]

در روزگار قدیم مادر و پسری بودند. پسرک[2] هنوز کوچک بود که روزی از خانه ی همسایه شان یک تخم مرغ دزدید و آورد داد به مادرش. مادر بی اینکه[3] از زشتی این کار چیزی به پسرش بگوید آن را گرفت. پسرک به این وضع عادت کرد. چند روز بعدش یک مرغ دزدید و بالاخره[4] جوانی تنومند شد و دزدی مشهور و نترس.

در شهر پادشاهی بود که شتر های زیادی داشت و در بین شترهاش شتری بود که در تمام دنیا لنگه[5] نداشت. روزی این پسر در میان شتر های پادشاه چشمی به شتر افتاد و از آن خوشش آمد و چون دزد نترسی بود عزمش را جزم کرد[6] که آنرا بدزدد ولی غافل از این که[7] شترهای پادشاه نگهبانهای زیادی دارد.

شب وقتی برای دزدیدن شتر رفت بدست[8] نگهبانان شاه گرفتار شد. روز بعد شاه دستور داد این دزد را که مردم از دستش به تنگ آمده بودند[9] به دار بزنند. پای دار از او می پرسند :

((آیا حرفی دارد که بگوید؟))

---

[1] 달걀 도둑이 낙타도둑 된다(속담= 바늘도둑이 소도둑된다)

[2] 어린 아들: 어미 – ak가 붙으면 어리다는 의미가 됨.

[3] ... 없이

[4] 마침내, 드디어

[5] 한 짝 이란 의미로, 켤레나 쌍의 한 쪽을 의미함.

[6] 의도를 확정하다. 결심을 다짐하다.

[7] ...한 사실을 알지 못하고. ... 한 것을 모르고

[8] ...손에, ... 한테

[9] 마음을 졸이다, 안절부절하다

جوان می خواهد که در آخرین لحظه[10] مادرش را ببیند. مادر او را می

آورند او به مادرش می گوید :

((مادر جان! چون تو خیلی برای من زحمت کشیده ای میخوام[11] در این دم آخر

زبان[12] ترا ببوسم))

مادرش هم گریه کنان[13] زبانش را بیرون می آورد که پسرش ببوسد.   اما

پسر با دندان زبان مادرش را می گیرد و می کند[14]. البته مادر بیهوش می

شود همه از کار دزد تعجب می کنند. پادشاه علت این کار را از او میپرسد.

مرد می گوید :

((اگر روز اولی که من یک تخم مرغ دزدیدم مادرم به من می گفت   که   بد

کاری می کنی و با من مهربانی نمی کرد حالا شتر دزد نمی شدم که   به   به

دارم بزنند.))[15]

پادشاه از حرف مرد خوشش می آید و او را می بخشد و به جای[16] او مادرش

را بدار می زند.

---

[10] 순간

[11] می + خواه + ..م 의 구어체

[12] 여기서는 '혀'를 의미함.

[13] 현재분사로 ...하면서

[14] 발음은 mikanad 이고, '뽑다, 파다'라는 의미임.

[15] 과거진행형을 사용하여 현재사실과 반대되는 의미를 표현함.

[16] ...대신에

봤지만 모른 척!

شتر دیدی، پشکلش[1] را ندیدی!

گویند[2] ابن سینا[3] دانشمند مشهور زمانی که به دربار پادشاهان گیلان[4] میرفت آوارهٔ[5] کوه و بیابان شد. در راه مردی به او رسید و گفت:

((یا شیخ[6] تو در این حوالی[7] شتری دیدی؟))

ابن سینا گفت:

((آنکه یک چشمش کور[8] بود؟))

مرد گفت:

((بلی))

ابن سینا گفت:

((آنکه بار شیره[9] و سرکه داشت؟))

مرد گفت:

((بلی))

بعدش گفت:

((آنکه سوارش زنی حامله بود؟))

---

1 [peshkel] 동물의 배설물. 거름. 이 부분은 생략하고 사용하기도 한다.
2 می‌گفتند = گفته اند
3 11세기 생존한 이란(페르시아)의 유명한 의사
4 이란의 지명
5 [āvāre] 방랑자
6 [sheikh] 군주. 영주. 학자. 스승. 여기서는 상대를 존중하는 의미임.
7 [havāli] 주위. 변두리. 근교
8 [kur] 앞 못 보는 (자). 맹인
9 [shire] 당밀. 유제

مرد با عجله گفت:

((بلی! بلی! یا شیخ بگو ببینم به کدام سمت رفت؟))

شیخ گفت:

((ندیده ام!))

مرد گریبان[10] شیخ را گرفت و او را به شهر آورد و پیش حاکم برد و گفت:

((این شیخ تمام نشانه های شتر مرا میداند و بعد دیدن شتر را انکار میکند[11]))

در این وقت زنی از جلو ایوان[12] گذشت، ابن سینا به حاکم گفت:

((اجازه میخواهم بروم آن زنی را که از جلو ایوان رد شد معالجه کنم.))

حاکم مأموری همراه او فرستاد. ابن سینا به دنبال زن آمد. زن به خانه ای رسید، در زد، وارد خانه شد و دراز کشید. اهل خانه دور[13] زن جمع شدند. ابن سینا در زد و وارد خانه شد و سوزنی خواست و سوزن را به زیر قلب زن فرو کرد[14] و زن حالش خوب شد. ابن سینا با مأمور پیش حاکم برگشت. حاکم گفت:

((شیخ کجا رفتی و برگشتی؟))

ابن سینا گفت:

((آن زن حامله بود و توی خزینهٔ[15] حمام زیاد مانده بود و بچه توی شکمش ناراحت شده بود و فشار به قلب مادرش آورده بود قلبش داشت[16] از حرکت میافتاد. من سوزنی زیر قلب زن فرو کردم و بچه دستش را از زیر قلب مادرش کشید و مادرش از مرگ نجات یافت.))

---

10 [garibān] 깃. 동정
11 [enkār kardan] 부인하다. 부정하다
12 [eivān] 베란다. 현관. 발코니. 툇마루
13 [dour] 둘레에. 주위에
14 [foru kardan] 찔러 넣다. 찌르다
15 [khazine/khezine] 터어키식 욕실의 욕조
16 과거진행형. ....하고 있는 중이었다.

حاکم پرسید:

((تو ابن سینایی؟))

شیخ گفت:

((بلی))

بعد حاکم پرسید:

((شتر مرد را چگونه دیدی؟))

ابن سینا گفت:

((شتر را ندیدم.))

گفت:

((پس آن نشانه ها را از کجا میدانی؟))

گفت:

((از هرجا که شتر رد شده بود[17] فقط علفهای یک طرف را خورده بود، از آنجا فهمیدم که شتر یک چشم دارد و در راهی که شتر گذشته بود[18] مگس و پشه فراوان بود، از آنجا فهمیدم که بارش شیره و سرکه بوده و در جایی شتر زانو زده بود و سوار او چهار دست و پا از پشت او پایین آمده بود و دوباره سوار شده بود، از آنجا فهمیدم که سوار حامله است و حامله هم لابد[19] زن میشود نه مرد.))

حاکم به ذکاوت[20] ابن سینا احسنت[21] گفت و او را اعزاز[22] و اکرام کرد[23] و گفت:

---

17 낙타가 지나갔던 곳(장소)마다
18 낙타가 지나갔던 길에
19 [lābod] 반드시. 확실히. 어쩔 수 없는
20 [zakāvat] = ذکاء [zakāʼ] 총명. 지성. 재치
21 [ahsanat] = احسن [ahsan] 잘 한다!
22 [ʻehzāz] 명예. 존경
23 [ekrām kardan] 존경하다

((یا شیخ از من داشته باش، دوه گؤردون قیغین یوخ[24].))

بعد حاکم ابن سینا را به پادشاه گیلان معرفی کرد.

---

[24] شتر دیدی، پشکلش ندیدی = 의 방언 [dava gordun qiqin yokh]

말로 낸 상처는 칼로 낸 상처보다 오래 간다
زخم زبان بدتر از زخم شمشیر است

در زمان قدیم مرد هیزم شکنی بود که با زنش در کنار جنگلی توی یک کلبه زندگی می کرد. مرد هیزم شکن هر روز تبرش را بر می داشت و به جنگل می رفت و هیزم جمع می کرد. یک روز که مشغول کارش بود صدای ناله ای را شنید و به طرف صدا رفت. دید توی علف ها شیری افتاده و یک پایش باد کرده[1]، بخودش جرأت داد و جلو رفت. شیر به زبان آمد و گفت :

((ای مرد یک خار به پام رفته و چرک کرده[2] بیا و یک خوبی بمن بکن و این خار را از پام درآر[3].))

مرد جلو رفت و خار را از پای شیر در آورد. بعد از این قضیه شیر و مرد هیزم شکن دوست شدند. شیر بعد از آن به آن مرد در شکستن هیزم کمک می کرد و آنها را به آبادی[4] می آورد. روزی از روزها مرد هیزم شکن از شیر خواست که به خانه ی او برود تا هر غذایی که دوست دارد زنش برای او بپزد. شیر اول قبول نمی کرد و می گفت :

((شما آدمیزاد هستید و من حیوان هستم و دوستی آدمیزاد و حیوان هم جور در نمییاد[5].))

اما مرد آنقدر اصرار کرد که شیر قبول کرد به خانه ی آنها برود و سفارش کرد که

---

[1] [bād kardan] 부풀어오르다. 염증이 나다
[2] [cherk kardan] 곪게 하다
[3] در آوردن 꺼내다의 명령형
[4] [ābādi] 마을
[5] [jur dar āmadan] 조화를 이루다. 균형 잡히다

براش کله پاچه بپزند. روز مهمانی سر سفره نشستند، شیر همانطور که داشت کله پاچه می خورد آب آن از گوشه ی لبهاش روی چانه اش می ریخت. زن هیزم شکن وقتی این را دید صورتش را بهم کشید و به شوهرش گفت :

((مرد، این دیگه کی بود که بخانه آوردی؟))

شیر تا اینرا شنید غرّید[6] و به مرد گفت :

((ای مرد! مگه من به تو بگفتم من حیوان هستم و شما آدمیزاد هستین و دوستی ما جور در نمیاد؟ حالا پاشو تبرت را بردار و هرقدر که زور در بازو داری[7] با آن به فرق[8] سرم بزن!))

مرد گفت :

((اما من و تو دوست هم هستیم.))

شیر گفت :

((ای مرد! بحق نون و نمکی که با هم خوردیم اگه نزنی هم تو، هم زنت را پاره میکنم.))

مرد از ترسش تبر را برداشت و تا آنجا که می توانست آنرا محکم به سر شیر زد. شیر بعد از اینکه سرش شکافت پاشد و رفت. آن مرد دیگر به آن جنگل نمی رفت.

یک روز با خودش گفت :

((هر چه بادا باد[9] می روم ببینم شیر مرده است یا نه؟))

مرد وقتی به جنگل رسید شیر را دید. گفت :

((رفیق هنوز هم زنده ای!؟))

شیر گفت :

((می بینی که زخم تبر تو خوب شده و من زنده ام اما زخم زبان زنت هنوز خوب نشده و نمیشه[10] برای اینکه[11] تو هم برو و دیگر[12] این طرف ها پیدات نشه[13] که این دفعه اگه ببینمت[14] تکه پاره ات می کنم[15]!))

---

[10] نمی‌شود 여기서는 상처가 아물지 않는다
[11] 그렇기 때문에
[12] 더 이상... 아니다(않된다)
[13] تو را پیدا نشود
[14] من تو را ببینم
[15] من تو را تکه =پاره کردم 나는 너를 갈기갈기(조각내어) 할 거다

선행의 끝이 해악[1]

سزای نیکی بدی است

روزی یکنفر چوپان در بیابان میگذشت تا زمین علف دار خوبی برای گوسفندان

خود پیدا کند دید جنگل آتش گرفته ماری هم در میان آتش مانده است با خود گفت:

((خوب است که این مار را از آتش نجات بدهم.))

رفت مار را برداشت در توبره[2] کرد و رفت که از آتش بگذرد. یکدفعه مار سر از

توبره درآورد و گفت:

((اشهدت را بگو که میخوام ترا نیش بزنم.))

چوپان بیچاره گفت:

((خیلی خوب اینهم مزد من بود؟ بیا بریم از سه تا موجود[3] دیگر بپرسیم اگر گفتند

سزای نیکی بدی است مرا نیش بزن[4] والا از توبره بیا بیرون و برو.))

مار گفت:

((بسیار خوب))

رفتند و رفتند تا رسیدند به جوی آبی، چوپان از آب پرسید:

((آیا سزای نیکی بدی است؟))

آب گفت:

((بلی))

چوپان پرسید:

---

[1] 좋은 일을 해 주었지만 어처구니 없이 오히려 해를 당하는 경우 표현함.
[2] [tubre] 망태. 꼴주머니
[3] [mojud] 존재물. 생물
[4] [nish zadan] 찌르다. 구멍을 내다. 고통을 주다

((چرا؟))

آب گفت:

((برای اینکه از من زراعت میکنی[5] و سر جوی آب بعد از آب خوردن دست و روی خودت را می شویی و آب دهانت را در من می اندازی))

در اینجا چوپان بیچاره یک سؤال را باخت[6] و نا امید شد. مار گفت:

((دیدی که یک سؤال را باختی برو تا دو سؤال دیگر را بکنی))

چوپان راه افتاد و رفت تا رسید به درختی رفت چوپان از درخت پرسید:

((آیا سزای نیکی بدی است؟))

درخت گفت:

((بلی))

چوپان باز دلش شکست و پرسید:

((چرا؟))

درخت گفت:

((شما می آیید پای درخت که من باشم در سایه ام استراحت می کنید از میوه ام میخورید، برگم را به گوسفندانتان می دهید و در آخر هم شاخه های مرا برای چوپدست می شکنید.))

در اینجا امید چوپان قطع شد مار گفت:

((دیدی دو سؤال را باختی یک سؤال دیگر داری))

چوپان راه افتاد و رفت تا رسید به یک روباهی، چوپان تا به روباه رسید گفت:

((شیخ[7] روباه بگو ببینم سزای نیکی بدی است؟))

روباه گفت:

((باید من اصل مطلب را بدانم بعد بگویم))

چوپان داستان آتش گرفتن جنگل و گرفتار بودن مار را برای روباه تعریف کرد.

روباه با خود فکری کرد و گفت:

((من اول باید ببینم وقتی که تو مار را توی توبره کردی چطور به میان توبره رفت

حالا هم مار را با توبره بزمین بگذار و مار یکمرتبهٔ دیگر برود به میان توبره که

من ببینم و در بیاید که فتوی بدهم[8]))

مار از توبره درآمد به محض اینکه رفت به میان توبره روباه گفت:

((امانش نده[9] بزن با سنگ او را بکش که سزای نیکی بدی است و این را هم

درگوش بگیر[10] که دوباره مار را در آستین[11] خود راه ندهی[12]!))

---

[7] [sheikh] 군주. 영주. 스승. 학자
[8] [fatvā didan] 판결을 내리다. 발음주의
[9] او را امان نده [amān nade] 그를 보호해 주지 마라. 그를 구해 주지 마라
[10] 잘 들어
[11] [āstin] 소매
[12] (너는) 보살펴 주지 않는 거야

수다쟁이 휘테메
فاطمه قرقرو[1]

یکی بود یکی نبود غیر از خدا هیچکس نبود[2]. روزی بود روزگاری بود[3]،
مردی بود زنی داشت به اسم فاطمه که خیلی بد اخلاق بود و همه اش سر هر
چیزی قر می زد. همه او را به اسم ((فاطمه قرقرو)) می شناختند. از بس[4] که
شوهرش را اذیت می کرد و قر می زد شوهرش مصمم شد او را نابود کند
تا[5] بلکه[6] از قر زدن او خلاص شود.

روزی[7] رفت بیابان چاهی را نشان کرد و آمد به فاطمه گفت :

((پا شو[8] بریم[9] بگردیم))

و فاطمه را برد تو بیابان و بدون آنکه فاطمه بفهمد روی چاه را فرش
انداخت و بهش[10] گفت :

((بیا بشین))[11]

تا فاطمه پا گذاشت روی فرش، افتاد توی چاه و شوهرش از شر[12] فاطمه
قرقرو خلاص شد.

---

[1] 투덜대는, 불평하는, 잔소리하는
[2] 옛날 옛적에(옛날 이야기를 시작하는 서두의 문장으로 직역을 하면, 어떤 것은 있고 어떤 것은
없었다. 신 이외 아무도 없었다 라는 의미임)
[3] 어느 날
[4] ...한 만큼, ...에 의해
[5] ...하도록
[6] 오히려, 반대로
[7] 어느 날, 하루는
[8] 일어나, بلند شو 의 구어체
[9] (우리)가자, برویم 의 구어체
[10] به او 의 구어체
[11] 와서 앉아 (بنشین 의 구어체)
[12] 재앙, 재난

دو سه روز بعد شوهر فاطمه رفت سر چاه که ببیند فاطمه زنده هست یا مرده، دید ماری[13] از تو چاه صدا می‌زند :

((منو[14] از قر زدن این زن نجات بده پول خوبی بهت[15] میدم))

شوهر فاطمه سطلی با طناب انداخت تو چاه و مار را در آورد وقتی مار آمد بیرون گفت :

((من پول ندارم که بهت بدم، میرم می پیچم دور[16] گردن دختر حاکم هر کس اومد مرا باز کند من نمی گذارم[17]   تا تو بیایی اون وقت پول خوبی بگیر و منو باز کن))

مار رفت پیچید دور گردن دختر حاکم هر کی می رفت که مار را باز کند وقتی نزدیک مار می شد جرات نمی کرد به او دست بزند تا اینکه شوهر فاطمه قرقرو آمد و گفت :

((من هزار سکه طلا می‌گیرم و مار رو[18] وا می‌کنم[19]))

و رفت به مار گفت :

((ای مار از دور گردن دختر حاکم وا شو[20]))

مار باز شد و به شوهر فاطمه گفت :

((دیگه[21] کاری به کار من نداشته باشی))

و رفت پیچید دور گردن دختر حاکم شهر دیگری باز جار زدند.

((هر کی مار رو از گردن دختر حاکم باز کنه[22] هزار سکه طلا انعام

---

¹³ یک مار

¹⁴ من را

¹⁵ به او

¹⁶ 발음은 [doure]이고, '둘레에'

¹⁷ 조동사로 '허락하지 않겠다'라는 의미임.

¹⁸ را

¹⁹ باز می‌کنم 의 구어체

²⁰ باز شو 의 구어체

²¹ دیگر 의 구어체. '더는 .... 없다'

می گیره[23]))

هر کی آمد که مار را باز کند نتوانست تا اینکه گفتند :

((چندی پیش ماری به دور گردن دختر حاکم فلان شهر[24] پیچیده بود یک نفر اونو[25] باز کرد))

به حکم حاکم رفتند سراغ[26] شوهر فاطمه قرقرو گفتند :

((بیا مار رو وا کن هزار سکه طلا بگیر))

شوهر فاطمه با عجله آمد پیش مار، مار گفت :

((مگه نگفتم دیگه کاری به کار من نداشته باشی ؟))[27]

شوهر فاطمه گفت :

((چرا))[28]

مار گفت :

((خب[29] پس چرا اومدی[30] اینجا ؟))

((اومدم بهت بگم فاطمه قرقرو داره میاد اینجا !))[31]

مار تا اسم فاطمه قرقرو را شنید از ترس از دور گردن دختر حاکم باز شد   و رفت. اطرافیان[32] حاکم تعجب کردند و گفتند :

---

[22] باز کند 의 구어체

[23] می‌گیرد 의 구어체. '대가를 (그가) 받는다'

[24] 某 도시(영지)

[25] آن را 의 구어체

[26] 뒤따라, 흔적을 찾아

[27] مگر نگفتم دیگر کاری به کار من نداشته باشی؟ 의 구어체, '더 이상 나와 볼 일이 없다고 말하지 않았어?'

[28] 왜 아니야 즉, 그래 맞아

[29] خوب 의 구어체

[30] آمدی 의 구어체

[31] آمدم به تو بگویم ...دارد می‌آید.... 의 구어체

[32] 둘레의 사람들

((مرد ! توی این کار چه سری است که تا³³ گفتی فاطمه قرقرو داره میاد فوری مار باز شد و رفت ؟))

گفت :

((زنی داشتم به اسم فاطمه از بس که بد اخلاق بود و قر می زد مردم همه بهش می گفتن³⁴ فاطمه قرقرو. این زن منو خیلی اذیت می کرد تا اینکه روزی اونو به چاهی انداختم تو آن چاه همین مار³⁵ بود که دیدید این مار هم از دست قر زدن فاطمه به تنگ اومده بود³⁶، روزی رفتم که ببینم فاطمه زنده است یا نه³⁷ دیدم مار از ته چاه صدا می زنه³⁸ منو از دست قر زدن این زن نجات بده پول خوبی بهت میدم منم نجاتش دادم³⁹ وقتی بالا اومد⁴⁰ گفت پول ندارم بهت بدم میرم⁴¹ می پیچم دور گردن دختر حاکم تو بیا منو وا کن و پول خوبی بگیر حالا هم این مار همان مار بود⁴² و دیدید که باز نمیشد ولی تا گفتم فاطمه قرقرو داره میاد ⁴³از ترس قر زدن فاطمه واشد و رفت.))

---

³³ ..때, ...하자마자
³⁴ می‌گفتند 의 구어체
³⁵ 바로 그 뱀
³⁶ .... آمده .... 의 구어체이고, '뱀도 훠테메의 투덜대는 소리에 질렸었다'
³⁷ ..또는 아닌지
³⁸ می‌زند 의 구어체
³⁹ ...می‌دهم من هم او را نجاب دادم
⁴⁰ آمد 의 구어체
⁴¹ به تو بدهم می‌روم
⁴² 지금 이 뱀이 바로 그 뱀 이었다
⁴³ دارد می‌آید

2부

흥부와 놀부
هانگپو و نُلپو

سال ها پیش دو برادر به نام های نُلپو و هانگپو با پدرشان زندگی می کردند. نلپو که برادر بزرگتر بود بسیار حریص و ترش رو بود و همانطور که برازنده ی نامش بود رفتار می کرد ولی برادر کوچکتر هانگپو بسیار مهربان و با ملاحظه بود.

روزی که پدر این دو برادر مُرد، برای هر دو پسرش به اندازه ی کافی دارایی گذاشته بود، اما نلپو بی رحمانه برادر کوچکتر و خانواده اش را مجبور کرد خانه را ترک کنند و تمام سهم هانگپو را تصاحب کرد. با وجود این هانگپو بدون اینکه از برادرش متنفر شود و کینه ای به دل بگیرد، همراه خانواده اش خانه را ترک کرد.

هانگپو که هیچ ثروت و دارایی ای نداشت مجبور شد برای تأمین مخارج خانواده اش به هر کاری روی آورد. با این حال نمی توانست تمام نیازهای همسر و فرزندانش را تأمین کند. به همین دلیل خیلی زود فقیر شد. به طوری که حتی فرزندانش چیزی برای خوردن نداشتند و از این وضیعت شکایت می کردند. هانگپو که تحمل دیدن گریه فرزندان و این وضعیت را نداشت، تصمیم گرفت به دیدن نلپو برود و از او تقاضای مقداری غذا کند.

با خود اندیشید که او هنوز برادرم است و اگر وضعیت اسف بار من و خانواده ام را بداند، از من روی گردان نخواهد شد و کیسه ای گندم به من خواهد داد.

هانگپو که پس از راندن برادرش، اولین بار بود که به سراغ او می رفت، امیدوار بود که او را خواهد دید و او مشکلش را حل خواهد کرد. وقتی وارد خانه شد، نلپو را

در حال چپق کشیدن در دالان نشسته دید: مدت زمان طولانی بود که این دو برادر همدیگر را ندیده بودند. با این وجود زمانی که برادرش سلام کرد، نلپو نه تنها جواب سلام او را نداد بلکه با عصبانیت فریاد زد:

((چرا به خانه من آمده ای؟!))

هانگپو روی زمین زانو زد و گفت:

((برادر! به فرزندان گرسنه ام رحم کن و کیسه ای گندم به من بده.))

نلپو به جای همدردی با برادر کوچکش، سؤال تحقیرآمیزی از او کرد و گفت:

((گندم؟! آیا تو تا کنون به این میزان گندم داده ای؟!))

همسر نلپو که در آشپزخانه مشغول ریختن برنج. در پیاله ها بود، کفگیر به دست بیرون آمد: هانگپو تا همسر برادرش را دید، به او گفت:

((زن داداش! خواهش می کنم یک کیسه گندم به عنوان قرض به من بدهید.))

همسر برادرش نگاه تحقیرآمیزی به او کرد و گفت:

((راجع به چه صحبت می کنی؟!))

و بلافاصله با کفگیری که در دست داشت سیلی محکمی به صورت   هانگپو زد. وقتی هانگپو دست به صورتش کشید، تکه های برنح را که روی صورتش چسبیده بود برداشت و به سرعت داخل دهانش گذاشت. فورا گفت:

((زن داداش! چرا به طرف دیگر صورتم سیلی نمی زنید؟))

همسر برادرش دوباره به صورت هانگپو سیلی زد ولی این بار کفگیر را تمیز کرد تا مطمئن شود که برنجی به آن نچسبیده است   تا مبادا هانگپو برنجی گیرش بیاید.

هانگپو ناامید به خانه برگشت. همسرش پرسید:

((برادرت حتی یک کیسه گندم هم به تو قرض نداد؟!))

با اینکه نلپو با هانگپو بد رفتار کرده بود ولی هانگپو از برادرش شکایتی نکرد و به دروغ گفت:

((مقدار زیادی پول به من داد ولی در راه برگشت پولهایم را دزدیدند.))

زمستان آن سال، از هر زمستان طولانی تر به نظر می رسید، مخصوصا برای کسانی که فقیر بودند. هانگپو و خانواده اش به سختی این زمستان طولانی را سپری کردند تا اینکه بهار فرا رسید و پرستوها از جنوب بازگشتند و زیر لبه ی سقف خانه شان لانه ساختند. او پرستوها را بسیار دوست داشت، زیرا نام خانوادگی اش " یان" به معنی "پرستو" بود. بعد از مدتی که جوجه های پرستو سر از تخم درآوردند، فرزندان هانگپو با آنها بازی می کردند و از این بابت خوشحال بودند و این موضوع باعث می شد تا گرسنگی خود را فراموش کنند.

بچه ها از اینکه پرستوی مادر برای جوجه هایش کرم و غذا می برد متعجب می شدند. روزی که هانگپو در حیاط مشغول کاری بود، متوجه ماری شد که در حال حرکت به سمت لانه ی پرستوها بود. دست از کار کشید و به سمت لانه دوید و با چوب دستی اش مار را فراری داد. و دوباره مشغول کار شد. بعد از مدتی دوباره به سمت لانه برگشت تا نگاهی بیندازد، که متوجه افتادن یکی از جوجه ها به بیرون از لانه شد. جوجه پرستو را بلند کرد و دید که پایش شکسته است. هانگپو پای شکسته جوجه را با پارچه ای پیچید و با نخ آن را محکم بست و در لانه اش قرار داد. به دلیل زحمات هانگپو، جوجه ی پرستو روز به روز بهتر می شد تا جایی که بعد از چند هفته توانست به خوبی پرواز کند و مادرش را همراهی کند. هانگپو از این موضوع بسیار خوشحال بود که پرستو دوباره می تواند پرواز کند. به زودی پاییز فرا می رسید و پرستوها به سمت جنوب مهاجرت می کردند.

پرستوهای خانه ی هانگپو تا آخرین لحظه آنجا را ترک نکردند. ولی بالاخره، باد سرد زمستانی شروع به وزیدن کرد و پرستوها با تردید آماده ی پرواز به سمت جنوب شدند ولی قبل از ترک آنجا، بالای حیاط خانه چرخی زدند تا بفهمانند که بهار آینده برخواهند گشت.

پس از یک زمستان طولانی، دوباره بهار آمد. پرستوها به قول خود وفا کردند و به خانه ی هانگپو برگشتند. خانواده ی هانگپو با دقت به دنبال پرستویی بودند که پایش شکسته بود. چون می خواستند مطمئن شوند که آیا برگشته یا نه، ولی او را نیافتند. روزی دو پرستو بر بالای حیاط خانه شان پرواز می کردند که یکی از آن دو آواز بلندی سر می داد. گویی می خواست سلام کند. ولی دیگری چیزی بر   دهان گرفته بود. در این هنگام هانگپو به یکی از پرستوها اشاره کرد و گفت:

((به پای آن نگاه کنید.))

همان است که سال گذشته از او مراقبت کردم. و بسیار خوشحال شد. پرستویی که از او مراقبت شده بود، تخمی را که در دهان گرفته بود درون حیاط رها کرد. آن تخم کدو بود. هانگپو آن را برداشت و نزدیک پرچین خانه اش کاشت.

صبح روز بعد، هانگپو متوجه شد که برگی از تخم کدو از زمین بیرون آمده است. پس از چندین روز، ساقه های گیاه کدو تا سقف خانه شان رشد کرده بود. فرزندان هانگپو از دیدن کدوهای آویزان شده از ساقه ها بسیار خوشحال شدند.   چون میتوانستند از آن غذا درست کنند. چرا که آنها از زمانی که از   خانه ی عموشان بیرون رانده شده بودند آنقدر غذا ندیده بودند. همسر هانگپو گفت: ((کدوها را باز کنیم و برای بچه ها غذا درست می کنم و از پوستشان هم کاسه درست می کنم.))

هانگپو بر روی سقف رفت و تمام کدوها را ساقه شان جدا کرد. بچه ها خوشحال فریاد می زدند:

((عجله کن پدر، بازش کن.))

هانگپو و همسرش مشغول بریدن کدوها شدند. آنها به قدری خوشحال بودند که شروع به آواز خواند کردند:

((آهسته باز شو! آهسته باز شو! آهسته، آهسته! وقتی که باز شود، گرسنه سیر میشود، کاسه ی نو ساخته می شود!))

بالاخره کدو آهسته باز شد، اما اتفاق عجیبی افتاد و اینکه از درون کدو برنج بیرون ریخت! همه اعضای خانواده، از طرفی متعجب به کدو نگاه می کردند و از طرف دیگر خوشحال بودند از اینکه می توانستند غذا بپزند.

بالاخره نوبت به کدوی دوم شد و همانطور که آواز می خواند کدوی دوم را باز کردند. ولی اتفاقی عجیبتر از قبل رخ داد چرا که درون کدو چیزی شروع به درخشیدن کرد به قدری که نور زننده ای داشت. رودی از طلا و نقره و جواهرات از درون کدو بیرون ریخت. هانگپو و خانواده اش از این اتفاق به قدری تعجب کردند که نمی توانستند آنچه را که می بینند باور کنند، بطوری که هانگپو نیشگونی از خودش گرفت تا مطمئن شود که خواب نمی بیند.

زمانی که هانگپو کدوی سوم را باز کرد، گروهی نجار به همراه مقداری چوب از کدو بیرون آمدند! ناگهان در یک لحظه خانه ی قدیمی شان تبدیل به قصری زیبا شده بود. نوبت به کدوی آخر رسید، هنگامی که آن را باز کردند، یک پری از آن خارج شد! حال دیگر هانگپو ثروتمندترین فرد روستا شده بود و این خبر به سرعت در سراسر روستا پیچید. تا اینکه خبر به نلپو رسید. وی با خود گفت:

((چطور ممکن است هانگپو ثروتمند شود؟!))

و تصمیم گرفت به سراغ برادرش رود و از ماجرا مطلع گردد. هانگپو برادرش را با احترام پذیرفت. ولی از اینکه خانه ی برادرش به بزرگی قصر است بسیار عصبانی شد. با خود اندیشید اگر او هم پای پرستو را معالجه نماید، ثروتمند خواهد شد. نلپو وقتی به خانه رسید، به سرعت سراغ لانه ی پرستو ها رفت و یکی از پرستو ها را برداشت و محکم بر زمین کوبید تا پایش بشکند.

تابستان گذشت و پاییز از راه رسید و زمان مهاجرت پرستو ها به سمت جنوب فرا رسید. پرستوهای خانه ی نلپو هم آنجا را ترک کردند. زمان فرا رسیدن بهار، پرستو ها به خانه برگشتند و همان پرستو یک تخم کدو را درست جلوی پای نلپو انداخت. نلپو با دقت تمام آن تخم را کاشت و منتظر رشد آن شد. چند روز بعد تخم کدو جوانه زد و ساقه هایش بیرون آمد و کدوها رشد کردند. نلپو کدوها را جمع کرد و به همراه همسرش شروع به باز کردن کدوها کرد و در این حین هم آواز می خواند:

((کدو تنبل باز شو! بیرون بده کدو طلا!))

کدوی اول در حال باز شدن بود که از لا به لای ترک کدو، رنگ زردی نمایان شد. نلپو گفت:

((حتما باید طلا باشد!))

ولی زمانی که کدو باز شد، بوی گند و زننده کود بیرون آمد و خانواده ی نلپو غرق در این بوی بد شدند. با این وجود نلپو سر از این قضیه نمی آورد و گفت:

((جایی از کار ایراد دارد، کدوی بعدی را امتحان می کنیم.))

همسرش که متوجه موضوع شده بود گفت:

((کدوی بعدی را باز نکن. من احساس خوبی ندارم!))

اما نوپو اصرار کرد و گفت:

((این بار مطمئنم که تکه های طلا بیرون خواهد آمد. عجله کن و بازش کن!))

به محض باز کردن کدوی دوم، روح وحشتناکی همراه یک گرز به بیرون آمد. نلپو و همسرش با فریاد کمک خواستند و سعی کردند فرار کنند ولی روح قبل از اینکه آنها حرکتی بکنند در مقابلشان ایستاد. و به آنها گفت:

((تو انسان بدی هستی، نلپو! تو با برادرت بد رفتاری کردی و پای پرستویی   را شکستی، آیا اینطور نیست؟ پس باید مجازات شوی.))

در این حین، روح با گرز شروع به زدن نلپو کرد. نلپو حتی پس از دیدن آن بوی بد و روحی که به او حمله می کرد، امیدش را درباره ی ثروت از دست نداد و با خود گفت:

((این بار خوشبختی در انتظر من است. کدوی بعدی را باز می کنیم.))

به محض باز کردن کدو ارواح شروری بیرون آمدند و خانه ی نلپو را با خاک یکسان کردند. نلپو فریاد زد:

((بیچاره شدم! بیچاره شدم!))

و به زمین افتاد و گریه کرد، ولی او همه چیز را از دست داده بود و کاری از دستش ساخته نبود. فریاد زد:

((حالا باید چه کنم؟ من چقدر نسبت به مسائل مادی حریص بودم!))

آهی از ته دل کشید و به خاطر آنچه انجام داده بود افسوس خورد. هانگپو از بد اقبالی برادرش با خبر شد و به سرعت به سراغش رفت و گفت:

((برادر بزرگم! چه اتفاقی برایت افتاد؟! بیا به خانه ی ما برویم؟))

هانگپو، برادر و خانواده اش را به خانه ی خود برد و از آنها پذیرایی کرد. نلپو رو

به برادرش کرد و از صمیم قلب گفت:

((هانگپو، لطفا مرا ببخش!))

هانگپو دست برادر بزرگش را مصمیمانه گرفت و گفت:

((برادر! ما یک خانواده هستیم و باید به هم کمک کنیم.))

بدین ترتیب، نلپو با گذر از سختی ها، خود را تغییر داد و به فرد خوبی تبدیل شد. از

آن پس آنها به یکدیگر کمک می کردند و همیشه خوشحال و خوشبخت بودند.

콩쥐 팥쥐
کانگجویی و پاتجویی

یکی بود یکی نبود، دختر کوچکی بود به نام کانگجویی که صد روز بعد از اینکه او به دنیا آمد مادرش از دنیا رفت. او بسیار تنها بود و با پدرش زندگی می کرد. بزرگ تر که شد دختری زیبا و مهربان شده بود.

روزی پدرش تصمیم گرفت با زنی ازدواج کند که او هم یک دختر به نام پاتجویی داشت. پاتجویی هم یک سال از کانگجویی کوچکتر بود و هم زشت و بداخلاق. او نسبت به زیبایی کانگجویی حسادت می کرد و به هر نحوی که می توانست او را اذیت می کرد.

نامادری کانگجویی هم نامهربان بود و هیچ گاه با کانگجویی خوشرفتاری نمی کرد. هرگاه پاتجویی کار بد و زشتی انجام می داد، مادرش از او طرفداری می کرد و کانگجویی را سرزنش می کرد.

روزی نامادریشان دو دختر را صدا کرد و گفت: شما آنقدر بزرگ شده اید که در کارهای خانه کمک کنید.   کانگجویی! تو به مزرعه برو و تمام زمین ها را شخم بزن. پاتجویی! تو که کوچکتر هستی، علف های هرز را از باغ در بیاور! سپس به پاتجویی یک کج بیل آهنی و به کانگجویی یک کج بیل چوبی داد. کانگجویی با دلی شکسته به سمت مزرعه می رفت. قبل از اینکه بتواند حتی قطعه ای از زمین را شخم بزند، کج بیل او شکست. نامادری اش بعمد کج بیلی به او داده بود که شکسته بود. کانگجویی که غمگین و دلتنگ مادرش بود شروع کرد به گریه کردن.

همچنانکه کانگجویی گریه می کرد گاوی پیش او آمد و گفت: گریه نکن! خانم کانگجویی. من به شما کمک می کنم.

در مدتی کوتاه گاو تمام مزرعه را شخم زده بود. کانگجویی نمی توانست باور کند، اما حقیقت داشت. او بارها از گاو تشکر کرد.

با اینکه نامادری اش بارها با او بد رفتاری کرده بود، کانگجویی حتی یک کلمه هم با پدرش راجع به این موضوع حرف نزد، چون نمی خواست او ناراحت شود.

از بخت بد کانگجویی، پدرش خیلی زود از دنیا رفت. او آنقدر گریه کرد که چشمانش ورم کرد، اما هیچ کس به او توجهی نکرد. فقط پرنده ها و حیوانات با او مهربان بودند.

پس از مرگ پدرش، نامادری اش بدجنس تر شد. کانگجویی مجبور بود تمام کار های سخت خانه را انجام دهد. بارها او به دلیل کار زیاد حتی فرصت غذا خوردن هم پیدا نمی کرد. گاهی اوقات به قدری کارش زیاد و دشوار بود که   نمیتوانست یک روزه کارش را تمام کند، به همین دلیل در آن شب ها، نامادری اش او را از خوردن شام محروم می کرد، و کانگجویی مجبور بود گرسنه بخوابد، اما باز هم شکایت نمی کرد.

روزی که نامادری اش برای خرید چیزی برای پاتجویی آماده رفتن به بازار بود به کانگجویی گفت تا ظرف آب را پر کند. کانگجویی سخت کار می کرد، اما ظرف آب پر نمی شد. او ظرف را به دقت بررسی کرد و سوراخی کف ظرف پیدا کرد. می دانست که نامادری اش بیرحمانه به او دستور داده بود تا کاری غیرممکن انجام دهد و ظرفی را پر کند که کف آن سوراخ است. او گریه کرد. یک نفر پرسید: چرا گریه می کنی، خانم کانگجویی؟

کانگجویی که گیج شده بود سرش را بلند کرد، با چشم های اشک آلودش وزغی را در مقابل خود دید و ماجرای سوراخ شدن ظرف آب را برای او تعریف کرد.

وزغ گفت: این کار را به عهده ی من بگذار. من سوراخش را می بندم.

فوراً ظرف، پر از آب شد و کانگجویی از وزغ بسیار تشکر کرد.

با وجود اینکه پاتجویی و نامادری اش با او بد رفتاری می کردند، کانگجویی باز مهربان بود و هر روز زیباتر می شد. این مسأله پاتجویی و نامادری اش را عصبانی تر می کرد و بی رحمی نامادری اش را شدیدتر می کرد. کانگجویی مجبور بود از طلوع تا غروب کار کند.

همین روزها بود که دایی کانگجویی یک مهمانی بر پا کرد و او را دعوت کرد. نامادری اش به مهمانی دعوت نشده بود، اما برای پاتجویی لباس نو، کفش نو و زیورآلات زیبا خرید تا به مهمانی برود ولی برای کانگجویی کاری انجام نداد. پاتجویی با تمام تجملاتش، اصلاً زیباتر به نظر نمی رسید!

وقتی روز مهمانی فرا رسید، نامادری لباس زیبایی به تن پاتجویی کرد و با زیورآلات زیبا او را آراست تا به مهمانی برود. کانگجویی می خواست که به مهمانی برود، اما با آن لباس های کهنه ای که داشت نمی توانست.

بدتر از آن این بود که نامادری اش به او دستور داده بود قبل از رفتن به مهمانی، کارهای سخت خانه را انجام دهد. او مجبور بود مقدار زیادی برنج را سبوس گیری کند، و همچنین دو توپ پارچه ببافد. او در صورتی می توانست به مهمانی برود که هر دوی این کارها را تمام کرده باشد، اما غیر ممکن بود که این کارها در یک روز تمام شود.

کانگجویی افسرده و غمگین به سمت انبار غلّه رفت. کیسه ای برنج از انبار بیرون

آورد و روی حصیری ریخت. کانگجویی می دانست توانایی سبوس گیری برنج ها را در یک روز ندارد، به همین دلیل آهی از ته دل کشید. در این حین گنجشکی به سراغش آمد و گفت: ((چرا ناراحتی؟))

((باید تمام این برنج ها را امروز سبوس گیری کنم.))

((نگران نباش! من و دوستانم در سبوس گیری به تو کمک خواهیم کرد.))

گنجشک پرواز کرد و طولی نکشید که با گروهی از گنجشک ها برگشت. بعد از مدّتی شروع به کار کردند و تمام برنج ها را سبوس گیری کردند. کانگجویی از آنها تشکر کرد. گنجشک ها با خوشحالی آواز خواندند و پرواز کردند.

کانگجویی این بار خود را برای بافتن پارچه آماده می کرد ولی نمی دانست بافتن دو توپ پارچه چقدر طول خواهد کشید. پای دستگاه پارچه بافی نشست و شروع به بافتن کرد. همان لحظه نوری روشن در اتاق ظاهر شد، و فرشته ای روبرویش ایستاد.

فرشته گفت:

((من از ستاره ای آمده ام تا به تو کمک کنم. بافتن را به عهده ی من بگذار! این لباس و این کفش ها را بپوش و به مهمانی برو!))

با کمک فرشته، کانگجویی حالا دیگر در لباس ابریشمی و کفش های گلدارش زیباتر به نظر می رسید. او از فرشته بسیار تشکر کرد.

در راه رفتن به مهمانی، گروهی از خدمتکاران قاضی را دید. کانگجویی دستپاچه شد و به سمت جنگل دوید تا پنهان شود. به قدری عجله کرد که لنگه ای از کفش های جدیدش از پایش در آمد و داخل رودخانه افتاد. کفش به قدری در آب می درخشید که قاضی متوجه آن شد و از خدمتکارانش خواست تا آن شیء درخشان را برایش

بیاورند. وقتی که خدمتکارانش کفش را برایش آوردند، قاضی آن را مرموز یافت و دستور داد تا صاحب کفش را پیدا کنند.

خدمتکاران به هر خانه ای می رفتند و از هردختری می خواستند تا کفش را بپوشد و آن را امتحان کند. بالآخره به خانه ای که در آن مهمانی بود رسیدند. پاتجویی کفش را پوشید، اما برای او کوچک بود. سپس کانگجویی کفش را امتحان کرد. کاملاً اندازه ی پایش بود!

خدمتکاران کانگجویی را پیش قاضی بردند. وقتی که قاضی او را دید، در همان نگاه اول عاشق او شد و با او ازدواج کرد.

اما پاتجویی و نامادری شرورش و به خوشبختی کانگجویی، که همسر یک قاضی شده بود، حسادت می کردند و دست به هر کاری می زدند تا این زوج خوشبخت را از هم جدا کنند.

روزی پاتجویی به دیدن کانگجویی رفت. پاتجویی به خاطر رفتار ناپسند خود در گذشته، از او معذرت خواهی کرد و از او خواست تا او را ببخشد. کانگجویی مهربان فکر کرد که او واقعاً پشیمان شده است، به همین دلیل به گرمی از او پذیرایی کرد.

پاتجویی نگاهی به خانه و باغ رؤیایی انداخت و زیبایی اش را تحسین کرد. استخری در وسط باغ بود؛ وقتی به آن رسیدند، پاتجویی از کانگجویی خواست تا با او شنا کند. کانگجویی مایل نبود شنا کند، اما پاتجویی اصرار کرد.

همانطور که در استخر شنا می کرد، پاتجویی، کانگجویی را به زیر آب فرو برد و او را غرق کرد. وقتی پاتجویی از آب بیرون آمد، لباس های کانگجویی را پوشید و وانمود کرد که کانگجویی است.

پس از مدتی، یک نیلوفر آبی سفید در استخر شکفت. قاضی آن را دید و خیلی تعجب کرد. هر روز به استخر می آمد و آن را تماشا می کرد. بالآخره یک روز آن را چید و به اتاقش برد. گل بسیار زیبا و خوشبو بود.

وقتی پاتجویی گل را دید، متوجه شد که روح کانگجویی است. پاتجویی آن را به داخل اجاق انداخت تا به خاکستر تبدیل شود، اما گل سوخت و تبدیل به دسته ای از دانه های زیبا و تزیینی شد!

خدمتکاری که به آشپزخانه آمده بود تا غذا درست کند، دانه ها را در اجاق پیدا کرد.

وقتی دانه ها را به اتاقش برد، آنها به کانگجویی تبدیل شدند! کانگجویی گفت:

((من کانگجویی هستم! پاتجویی مرا در استخر غرق کرده بود. اگر با تو خوش رفتار بودم، به من لطفی بکن؛ وقتی که میز غذا را مرتب می کنی، چوب های غذا خوری را جا به جا روی میز بگذار.))

خدمتکار گیج شده بود، اما قول داد تا آنچه کانگجویی از او خواسته بود را انجام دهد. وقتی میز غذا آماده شد، قاضی متوجه شد یکی از چوب های غذاخوری کوتاه و دیگری بلند است! پس به همین دلیل عصبانی شد و فریاد کشید با عصبانیت فریاد کشید.

در این لحظه صدایی از پشت سرش به گوش رسید:

((شما آنقدر باهوشید که یک جفت چوب غذاخوری ناجور را تشخیص می دهید اما یک همسر ناجور را تشخیص نمی دهید؟!))

قاضی نگاهی به پشت سرش انداخت و کانگجویی را دید! کانگجویی ادامه داد:

((من در استخر گم شده بودم، اما به لطف خدا، زندگی جدیدی روی زمین به من داده شد.))

قاضی متوجه شد چه اتفاقی افتاده است. بنابراین دستور داد تا خدمتکاران بدنش را در استخر پیدا کنند. آنها به سرعت بدنش را پیش قاضی آوردند. مثل یک گل تازه و خوشبو بود. وقتی که قاضی آنرا لمس کرد، زیبای مرده نفسی کشید و به زندگی برگشت. قاضی و خدمتکاران حیرت زده و در عین حال بسیار خوشحال شدند و گفتند:

((هورا! امیدواریم که همیشه خوشبخت زندگی کنید.))

اگر چه نامادری شرور و پاتجویی سعی کردند تا آنها را از هم جدا کنند، اما سرنوشت با زوج عاشق همراه بود. به لطف خدا، قاضی و کانگجویی دوباره به هم رسیدند و خوشحال و خوشبخت زندگی کردند.

선녀와 나무꾼
داستان پری و هیزم شکن

سال ها پیش هیزم شکنی همراه مادرش در کوهستان زندگی می کرد. روزی مشغول هیزم شکستن بود که گوزنی ازجنگل بیرون دوید؛ خود را به هیزم شکن رساند و به پایش افتاد.

گوزن گفت: خواهش می کنم مرا پنهان کن! شکارچی ای دنبال من است. اگر نجاتم ندهی، حتماً مرا خواهد کشت.

هیزم شکن گوزن را درون تل هیزمی که تازه شکسته بود مخفی کرد. هنگامی که شکارچی آمد و راجع به گوزن پرسید، هیزم شکن به طرف دیگر جنگل اشاره کرد.

وقتی که شکارچی رفت، گوزن از تل هیزم بیرون آمد و گفت: تو زندگی مرا نجات دادی. من باید لطف تو را جبران کنم و قدردانی خودم را نشان دهم. دریاچه ای مخفی در کوهستان است. یک شب که ماه قرص کامل است به آنجا برو. سه پری از آسمان برای آب تنی به آنجا می آیند. وقتی که لباس هایشان را از تن بیرون، لباس های کوچکترین پری را مخفی کن و نگه دار و زمانی به او پس بده که برایت سه بچه آورده باشد.

بنابراین اولین شبی که ماه، قرص کامل بود، هیزم شکن به دریاچه ی مخفی رفت. و همانطور که گوزن گفته بود، سه پری برای آب تنی آمدند. هیزم شکن لباس های کوچکترین پری را برداشت و در میان درختان مخفی شد.

وقتی که پری ها آب تنی خود را تمام کردند، از آب بیرون آمدند تا لباس هایشان را

بپوشند، اما پری کوچک نمی توانست لباس هایش را پیدا کند. او همه جا را گشت ولی نتوانست آنها را پیدا کند، برای همین شروع کرد به گریه کردن، چون بدون آنها نمی توانست به آسمان برگردد. هیزم شکن منتظر ماند تا دو پری بزرگتر به آسمان بروند. و سپس از جایی که پنهان شده بود بیرون آمد و از پری پریشان راجع به مشکلش پرسید. هیزم شکن لباس خود را به او داد و از او دعوت کرد تا همراه او به خانه اش برود.

پری آسمانی چاره ی دیگری نداشت. پس با هیزم شکن به خانه اش رفت و همسر او شد. طولی نکشید که صاحب بچه ای شدند. آنها خوشحال بودند، اما هر روز پری آسمانی از اینکه لباس هایش گم شده بود غصه می خورد و آه می کشید. سال بعد، آنها صاحب بچه ی دیگری شدند ولی هیزم شکن برای پری ناراحت بود. وقتی که دوباره از لباس های گمشده اش و اینکه دیگر نمی تواند به آسمان برگردد گفت، هیزم شکن هشدار گوزن را فراموش کرد و لباس هایش را به او پس داد. او به سرعت لباس هایش را پوشید، هر بچه را به یک دست گرفت و به آسمان پرواز کرد. و این طور بود که هیزم شکن همسرش را از دست داد.

هیزم شکن ناراحت و غمگین بود. وقتی که گوزن او را دوباره در جنگل دید، پرسید:

((چرا قبل از اینکه سومین بچه را دنیا بیاورد لباس هایش را به او دادی؟))

((نمی توانستم ناراحتی اش را تحمل کنم. خواستم او را خوشحال کنم، بنابراین به کلی هشدار تو را فراموش کردم.))

((در شب دیگری که ماه، قرص کامل است به دریاچه برگرد. پری های آسمانی دیگر به زمین نمی آیند، اما با سطلی که به زنجیری بلند وصل است، آب می کشند.

سطل سه بار پایین می آید. دو بار اول هیچ کاری نکن، اما بار سوم آب آن را خالی کن و به داخل سطل برو تا تو را به آسمان ببرند.))

هیزم شکن از گوزن تشکر کرد و هرچه به او گفته بود دقیقاً انجام داد. و به این ترتیب به همسر و دو فرزندش در آسمان پیوست. برای مدت زیادی آنجا به خوبی و خوشی زندگی کرد، اما روزی متوجه شد که مدتی است مادرش را ندیده. به همسرش گفت: من مدت زیادی است که اینجا هستم، باید به دنیای فانی برگردم و مادرم را ببینم. با اینکه هیزم شکن قول داد تا بعد از ملاقات مادرش برگردد، اما پری آسمانی نگران بود، برای همین گفت: خواهش می کنم. هر کاری جز این کار! تو می توانی به پایین نگاه کنی و ببینی که حالش خوب است، اما اگر به دنیای فانی برگردی، دیگر هیچ وقت نمی توانی به اینجا برگردی.

((این وظیفه ی من به عنوان یک فرزند است. قول می دهم که خیلی زود برگردم.))

((من تو را سوار بر اسبی پرنده می فرستم. مادرت را ببین، اما به هیچ وجه نباید از اسب پیاده شوی. اگر لحظه ای پاهایت زمین را حس کند، دیگر نمی توانی به آسمان برگردی. قول بده که پیاده نشوی!))

هیزم شکن قول داد و سوار بر اسب جادویی به زمین رفت و درست در مقابل خانه ی مادرش فرود آمد.

وقتی مادرش او را دید تعجب کرد و پرسید:

((این همه مدت کجا بودی؟))

هیزم شکن برایش تعریف کرد که چطور به آسمان رفته بود تا با همسر و بچه هایش زندگی کند؛ چطور آمده تا او را ببیند؛ وچقدر دلش برای مادرش تنگ شده بود. و سپس توضیح داد که نمی تواند از اسب پیاده شود و باید زود برگردد.

مادرش گریه کنان گفت:

((تمام این روزها که تو نبودی، من برای تو آشپزی می کردم و میز غذا را آماده می کردم. بعد از مدتی فکر کردم شاید مرده باشی، اما امیدم را از دست ندادم و حالا تو برگشتی. خواهش می کنم پسرم! قبل از اینکه برای همیشه ترکم کنی بیا داخل و غذایی را که برایت آماده کردم را بخور.))

((مادر اگر پایم را روی زمین بگذارم، دیگر نمی توانم به آسمان برگردم.))

((خواهش می کنم. من برایت غذای مورد علاقه ات را پخته ام، سوپ کدو. یک کاسه برایت می آورم و همینطور که روی اسب نشسته ای بخور.))

هیزم شکن نمی توانست خواهش مادرش را رد کند. وقتی مادرش با سوپ کدو برگشت، هیزم شکن آن را گرفت و با عجله شروع به خوردن کرد. سوپ، به قدری داغ بود که دهانش را سوزاند، برای همین سوپ را از دهان به بیرون ریخت و از درد فریاد کشید، سوپ داغ اسب را سوزاند، اسب روی پاهایش بلند شد و هیزم شکن را به زمین انداخت. قبل از اینکه بتواند بلند شود، اسب به آسمان پرواز کرده بود. راهی برای برگشت او نبود.

بعدها گفته شد که هیزم شکن از غصه مُرد. روحش تبدیل به خروسی شد و به همین دلیل هر روز صبح که خورشید طلوع می کند خروس می خواند:

((قوقولی قوقو! قوقولی قوقو! مثل اینکه می گوید: سوپ کدو! سوپ کدو! نمی توانم برگردم به خاطر سوپ کدو!))

심 청 이

شیمچانگ، دختر مرد نابینا

در آخرین سال های حکومت سلسله ی سونگ، اشراف زاده ای نابینا و تنگدست به نام "شیم هککیو" در روستای "ئوادُنگ" در استان "هُوانگجو" زندگی می کرد. مدت ها بود که او و همسر فداکارش، خانم گُوَک، از داشتن فرزند محروم بودند. بعد از سال ها دعای خالصانه به درگاه خداوند، گُوَک خانم دختر زیبایی به دنیا آورد که نامش را "شیمچانگ" گذاشتند. اما به دنیا آوردن بچه در سنّ زیاد برای گُوَک خانم خیلی دشوار بود. بنابراین او فوت کرد. شیم با تلاش بسیار به تنهایی دخترش را بزرگ کرد. آن دو سختی های زیادی را تحمل می کردند.

شمیچانگ، دختری مطیع و خانواده دوست بود. زمانی که راه رفتن را آموخت، برای کمک به پدرش او را در گدایی همراهی می کرد. طولی نکشید که دختری جوان و زیبا شد.

روزی که شیم پیرمرد، تنها به گدایی رفته بود، پایش به سنگی گیر کرد و به داخل جوی آبی ـ که برای آبیاری مزرعه کنده بودند ـ افتاد. همینطور که در آب دست و پا می زد و از سرنوشت بد و نابینایی اش شکایت می کرد، صدایی از سمت طرف بالا شنید. صدا گفت: شنیدم که از نابینایی ات شکایت می کردی. اگر سیصد کیسه برنج را در معبد من به نیّت حضرت بودا پیشکش کنی، ما دعا می کنیم تا بینایی خود را دوباره به دست آوری.

دو دست قوی و مهربان از آسمان آمدند و دست های ضعیف و لرزان پیرمرد را

گرفتند و او را از آب بیرون کشیدند. شیم آنقدر متشکر و امیدوار شده بود که برای لحظه ای شرایط وخیمش را فراموش کرد و گفت:

((خیلی متشکرم، راهب مهربان! بسیار متشکرم! قسم می خورم که سیصد کیسه برنج به شما بدهم.))

طولی نکشید که از شور و هیجان او کاسته شد و تازه فهمید که او نمی تواند حتی سه کاسه برنج پیشکش معبد کند چه برسد به سیصد کیسه.

بعد از ظهر آن روز، از بد اقبالی اش برای دخترش تعریف کرد:

((شمیچانگ جان! حال چه باید بکنم؟ بسیار خوشحال شده بودم و دنیا به نظرم زیبا می آمد. دیگران به من تنه می زنند، مرا هُل می دهند و صدقه هایی که گرفته ام را می دزدند؛ اما این راهب خیلی مهربان بود. فقط می خواستم لطفش را جبران کنم، اما ببین چه کردم! اگر باعث ناراحتی بودا شده باشم، چه بلایی به سرمان می آید؟))

آن شب شینچانگ روی حصیر نازکی دراز کشید اما خوابش نمی برد؛ از بابت قولی که پدرش به راهب داده بود ناراحت بود. هر قدر فکر کرد نتوانست راهی پیدا کند تا از آن طریق بتوانند سیصد کیسه برنج را برای پیشکش کردن به معبد تهیه کنند. بنابراین کم کم با آشفتگی به خواب رفت.

در خواب، مادرش را دید که به او گفت که چگونه میتواند برنج را برای پدرش تهیه کند. او گفت: به بندر برو، آنجا تاجری را می بینی که دنبال کنیز جوانی می گردد. با او برو و او سیصد کیسه برنج را به پدرت می دهد.

اژدهای دریای شرق از تاجران عصبانی بود، به همین دلیل طوفانی بر ایشان فرستاد تا کشتی هایشان را در راه به چین غرق کند. تاجران برای اینکه اژدها را آرام کنند، مجبور بودند کنیز زیبایی را قربانی کنند، اما نتوانسته بودند خانواده ای را پیدا کنند

که حاضر باشند دخترشان را به عنوان کنیزی بفروشند. صبح روز بعد شیمچانگ در قبال پیشکشی که قرار بود پدرش بپردازد، حاضر شد تا کنیز تاجران شود. آنها هم با خوشحالی تمام قبول کردند.

او سیصد کیسه برنج را به معبد برد و به درگاه بودا دعا کرد، اما بر خلاف انتظارش شیم پیرمرد بینایی اش را به دست نیاورد. راهبان گفتند کمی طول می کشد و باید صبر کند. حال دیگر شیم پیرمرد نه تنها فقیر و نابینا بود، بلکه دخترش را هم از دست داده بود.

در ابتدای سفر دریا آرام بود، اما خیلی زود آسمان خاکستری و ترسناک شد. در ابتدا، آب دریا کمی متلاطم بود اما به سرعت خروشان شد؛ گویی اژدها بدن غول آسایش را زیر امواج پایین و بالا می برد. رعد وبرقی زده شد و باد بادبانها را پاره کرد. پاروها شکستند و زنجیر لنگر در آن دریای طوفانی پاره شد.

کاپیتان کشتی تاجران، شیمچانگ را از مکانی که نگه داشته شده بود بیرون آورد و لباس عروس زیبایی تن او کرد. با وجود اینکه شیمچانگ به او گفت که خودش به درون آب می پرد، اما او باور نکرد و دست و پایش را محکم بست. آن هنگام که زیر لب دعا کرد و در اقیانوس پرید، ملوانان کشتی با احترامی که برای شجاعت و خانواده دوستی او قایل بودند به شدت گریه کردند. و زمانی که او زیر امواج ناپدید شد، دریای خروشان آرام شد.

شیمچانگ در آب سرد فرو رفت. هر چه بیشتر در آب فرو می رفت، آبی که در اطراف او بود روشن تر می شد و او فهمید که او متوجه شدکه می تواند نفس بکشد. با تعجب به اطرافش نگاه کرد و خدمتکاران اژدها را دید که به او نزدیک شدند، او را از بند آزاد کردند و تا قصر با شکوهی که زیر آب بود، همراهی کردند.

او در آنجا با خوشحالی زندگی کرد چرا که گویا روح مادرش هم آنجا زندگی می کرد، اما پس از مدتی دلش برای دنیای بیرون تنگ شد و می خواست که پدر عزیزش را دوباره ببیند. شادمانی اش به غم تبدیل شد و اژدها متوجه این موضوع شد. روزی او را فرا خواند و گفت: شیمچانگ! من دیگر نمی توانم ناراحتی تو را ببینم. فداکاری و خانواده دوستی تو، از هر موجودی که تا به حال دیده ام بیشتر است. نگرانی تو برای پدرت مرا متأثر کرد. پس به عنوان پاداشی برای فداکاری ات، تو را به دنیای بیرون می فرستم. با این حرف اژدها شیمچانگ را به یک گل نیلوفر آبی خیلی بزرگ تبدیل کرد.

به این ترتیب این گل نیلوفر، کنار ساحل در مَصَّبِ رودخانه ای ظاهر شد. ماهیگیری که از زیبایی آن شگفت زده شده بود، تصمیم گرفت آن را به پادشاهشان هدیه کند. پادشاه که به تازگی همسرش را از دست داده بود، به شدت غمگین بود. ماهیگیر امیدوار بود که این گل زیبا به شادمانی او کمک خواهد کرد.

وقتی پادشاه گل را دید از خوشحالی چشمانش برق زدند. او به ماهیگیر پاداشی نیکو داد و گل را در اتاق مخصوص خود گذاشت. هر روز ساعتها می ایستاد و زیبایی گل را تحسین میکرد. هر شب شیمچانگ هم از گل بیرون   می آمد و با سپیده دم دوباره در آن ناپدید می شد. روزها و فصل ها گذشتند، اما عشق پادشاه به گل کم نشد.

در شبی مهتابی که پادشاه نمی توانست بخوابد، مشغول قدم زدن در قصر شد. همیچنان که قدم می زد، به اتاقی که گل نیلوفر در آن بود رسید. داخل اتاق شد تا زیر نور مهتاب نگاهی به گل بیاندازد، اما چیزی دید که باعث شگفتی او شد. زنی زیبا که از شدت زیبایی اش نفس پادشاه بند آمد. پادشاه گفت:

((تو کی هستی؟! روحی که برای افسون کردن من آمده یا انسانی واقعی؟))

شیمچانگ گفت:

((من کسی هستم که در این گِل زندگی می کنم.))

از روی نجابت خودش را پنهان کرد، اما زمانی که خواست به گِل برگردد، گِل ناپدید شده بود. و به این ترتیب شیمچانگ همسر پادشاه شد. جشن باشکوهی بر پا کردند و روزهای خوشی را با یکدیگر گذراندند، اما پادشاه غمی را در وجود ملکه ی جدیدش حس می کرد. روزی او را در حال گریه در باغ دید. پادشاه گفت:

((همسر عزیزم! من تحمل دیدن اشک های تو را ندارم. چه آرزویی داری؟ هر چه باشد برآورده می کنم.))

شیمچانگ جواب داد:

((من فقط یک چیز می خواهم. و آن این است که یک مهمانی بر پا کنیم تا ازدواجمان را جشن بگیریم و تمام نابینایان را دعوت کنیم تا در این مهمانی شرکت کنند. به این ترتیب دلم شاد خواهد شد.))

پادشاه درخواستِ عجیبِ ملکه اش را قبول کرد و از تمام نقاط قلمروی پادشاهی اش، از هر گوشه و کناری نابینایان تنگدست را به مهمانی دعوت کرد تا ازدواجشان را جشن بگیرند. آنها به مدت سه روز آمدند و از بهترین غذاها و نوشیدنی ها لذت بردند. هر روز ملکه به امید دیدن پدرش از پشت توری ابریشمی اش نگاه میکرد، اما فایده ای نداشت.

در آخرین روز هنگامی که درها بسته می شدند و ملکه غمگین و ناراحت به داخل قصر می رفت، سر وصدایی بلند از بیرون شنیده شد. خدمتکاران نابینایی فقیر که دیر رسیده بود را برمی گرداندند. همچنان که درها بسته می شدند، ملکه نگاهی به

پشت سرش انداخت و نابینایی که لباس های کهنه و پاره ای داشت و به دلیل سفر طولانی اش خاکی وکثیف شده بود را دید. او کسی نبود جز پدرش! ملکه فریاد زد:

((پدر! پدر! این پدر عزیزم است. بگذارید داخل شود.))

شیم پیرمرد تِلو تِلو خوران داخل شد و با تعجب از شنیدن صدایی آشنا تقریباً تعادلش را از دست داد. شیم پیرمرد گفت:

((خدای من! شیمچانگ جان! این روح است یا اینکه مرده زنده شده است؟ دخترم، صدای تو را می شنوم؟ بگذار تا نگاهت کنم، دخترم!))

بار دیگر در اوج خوشحالی پیرمرد وضعیت خود را فراموش کرد. غافل از نابینایی اش، چشمانش را که کاملاً باز کرد، ناگهان متوجه شد که می تواند ببیند. دخترش روبرویش ایستاده بود و از آنچه او تصور می کرد زیباتر بود. شیم از خوشحالی گریه کرد و دخترش را در آغوش کشید. شیمچانگ هم اشک شوق می ریخت. به سرعت شور و شوقی در قصر پیچید، و گفته می شود هر نابینایی که می خواست شیمچانگ، آن دختر خانواده دوست، را ببیند آن روز بینایی اش را بدست می آورد.

청개구리
قورباغه ی سبز

سال ها پیش، قورباغه ای سبز با مادر بیوه اش در برکه ی کوچکی زندگی می کرد. قورباغه ی سبز هیچ وقت به حرف مادرش گوش نمی داد، و هر چه مادرش می گفت، برعکس عمل می کرد؛ مثلاً اگر مادرش به او می گفت که روی تپّه ها بازی کند، او به رودخانه می رفت؛ اگر به او می گفت که بالا برود، او پایین می رفت؛ اگر می گفت که به چپ برود، به راست می رفت؛ اگر می گفت که اینکار را بکن، او کار دیگری انجام می داد.

قورباغه ی مادر نمی دانست که با پسرش چه باید بکند. او همیشه باعث نگرانی و ناراحتی مادرش می شد. مادرش با خود گفت: "چرا پسرش نمیی تواند مثل قورباغه های دیگر باشد؟ چرا نمی تواند به بزرگترها احترام بگذارد و آنچه که به او گفته می شود انجام دهد؟" او نگران این بود که بعد از مرگش چه بر سر پسرش می آید. می دانست که باید کاری بکند تا عادات زشت او را از بین ببرد.

روزها و هفته ها قورباغه ی مادر، قورباغه ی سبز را سرزنش می کرد و سعی می کرد رفتار درست را به او بیاموزد، اما او به کار خود ادامه می داد و به مادرش توجهی نمیکرد و هر کار که دوست داشت انجام می داد. قورباغه ی مادر روز به روز پیرترمی شد. آنقدر غصه خورد تا بالآخره مریض شد. اما بازهم قورباغه ی سبز تغییری در رفتارش نداد.

بالآخره وقتی که قورباغه ی مادر فهمید که زمان مرگش فرا رسیده، پسرش را صدا

زد تا پیش او بیاید. او می خواست که پای کوه دفن شود، اما چون می دانست که قورباغه ی سبز برعکس عمل می کند سعی کرد تا کلماتش را با دقت انتخاب کند. بنابراین گفت:

((من زیاد زنده نمی مانم. پس وقتی که مُردم، مرا پای کوه دفن نکن. مرا کنار رودخانه دفن کن!))

قورباغه ی سبز با یأس و ناامیدی، درحالی که سرش را پایین انداخته بود به مادرش نگاه می کرد.

قورباغه ی مادر گفت:

((باید به من قول بدهی!))

قورباغه ی سبز گفت:

((قول می دهم.))

چهار روز بعد قورباغه ی مادر مُرد و قورباغه ی سبز بسیار غمگین شد. او خودش را در مرگ مادرش مقصّر می دانست و از اینکه باعث ناراحتی او شده بود احساس شرمندگی می کرد. او می دانست که دیگر برای جبران کارهای زشتش دیر شده بود، اما حالا می توانست قورباغه ی خوبی برای مادرش باشد. سرانجام تصمیم گرفت تا به گفته ی مادرش عمل کند. با خودش گفت:

((من همیشه برعکس آنچه که او از من خواسته بود انجام دادم، اما الآن می خواهم دقیقاً همان کاری را بکنم که او خواسته است.))

بنابراین با اینکه می دانست کار عاقلانه ای نیست، مادرش را کنار رودخانه دفن کرد. و وقتی باران بارید، آنجا ایستاد و نگاه کرد. دعا می کرد تا آب بالا نیاید، اما آن تابستان بادهای موسمی وزیدند و باران زیادی بارید، آب رودخانه بالا و بالاتر آمد و

از کناره های رود بیرون زد. آب، قبر مادرش را شست و با خود برد. قورباغه ی سبز زیر باران شدید در کنار رود نشست و برای مادرش گریه کرد. به همین دلیل است که تا به امروز هر وقت باران می بارد قورباغه های سبز گریه می کنند.

6과

견우와 직녀
گیانو و جینگنیا

یکی بود یکی نبود. شاهزاده ی زیبایی به نام "جینگنیا" در سر زمینی فراتر از ستاره ها زندگی می کرد. او بیشتر اوقات فراغتش را به بافتن پارچه می گذراند. آنقدر کارهایش زیبا بودند که گاهی ستاره های آسمان می ایستادند و پارچه های او را نگاه می کردند. به همین دلیل نامش جینگنیا، به معنی پری بافنده بود. پدرش از پشتکار جینگنیا بسیار راضی بود و اغلب او را در حین بافندگی تماشا می کرد.

روزی که پدرش او را در حالی که مشغول بافتن بود تماشا می کرد، فهمید که دخترش دیگر بچه ی کوچکی نیست بلکه دختری زیبا شده که باید ازدواج کند. تصمیم گرفت که جوانی زیبا پیدا کند تا با دخترش ازدواج کند.

جلسه ای با زیردستانش تشکیل داد تا در مورد بهترین گزینه مشورت کنند. بعد از چند روز یکی از نزدیکترین مشاورانش اعلام کرد که او بهترین گزینه را در قلمرو پادشاهی مجاورشان پیدا کرده است. مشاور توضیح داد: او یک شاهزاده و در عین حال چوپان نیز هست، به همین دلیل نامش گیانو است. ازدواج یک چوپان و یک بافنده، بهترین ازدواج خواهد بود.

پادشاه، فرستاده ای عالی رتبه را به نزد پادشاه مجاور فرستاد تا ترتیب ازدواج این دو جوان را بدهد. خوشبختانه پادشاهِ قلمرو همسایه از این خبر خوشحال شد چرا که او نیز به دنبال عروسی کامل می گشت.

بالآخره گیانو و جینگنیا با هم ازدواج کردند. این لحظه زیباترین صحنه برای یک زوج خوشبخت و پرتلاش بود، اما پس از مدتی آنها وظایف خود را نادیده گرفتند. در آغوش یکدیگر می خوابیدند و ستاره ها را می شمردند و یا اینکه دست در دست هم در مرغزارها قدم می زدند. دار بافندگی جینگنیا غبارآلود شد و گوسفندان گیانو به این طرف و آن طرف پرسه می زدند.

وقتی پادشاه این با خبر شد به آنها هشدار داد که دیگر نباید این کار را انجام دهند، اما زوج جوان به حرف هایش گوش نکردند. یک روز پادشاه آنها را نزد خود خواند. همینطور که گیانو و جینگنیا پیش او زانو زده بودند، با صدای رسایی گفت: ((از جلوی چشمانم دور شوید. نمی توانم حتی به شما دو نفر نگاه کنم.))

او ادامه داد:

((شما از فرمان پادشاه سرپیچی کرده اید. من به شما گفتم که سخت کار کنید و وظایف خویش را نادیده نگیرید، اما شما تمام وقتتان را به بازی و سرگرمی گذراندید. با بی مسئولیتی خود، الگوی بدی برای دیگران شده اید.   بی مسئولیتی شما به این دلیل است که با هم زندگی می کنید. پس از این به بعد باید جدا زندگی کنید. گیانو! تو در شرق زندگی خواهی کرد، و تو، جینگنیا، در غرب زندگی خواهی کرد.))

گیانو گریه کنان گفت:

((سرورم! خواهش می کنم ما را ببخشید!))

همینطور که اشک از چشمانش جاری می شد، جینگنیا هم التماس می کرد و میگفت:

((خواهش می کنم ما را از هم جدا نکنید. ما سخت کار می کنیم. خواهش می کنم ما را ببخشید. پدر! خواهش می کنم ما را از هم جدا نکنید. هر کاری که بگویید انجام

می دهم. فقط مرا از شوهرم جدا نکنید. پای دار بافندگی سخت کار می کنم. اجازه دهید ما با هم زندگی کنیم.))

اما نظر پادشاه عوض نشد. او گیانو را به سرزمینی دور در شرق فرستاد تا چوپانی کند و جینگنیا را به سرزمینی دور در غرب فرستاد تا بافندگی کند، اما زوج جوان آنقدر گریه کردند تا دلِ پادشاه به رحم آمد و اجازه داد تا سالی یکبار، در روز هفتم ماه هفتم، در کنار رودخانه ی نقره با هم ملاقات کنند.

اگر چه گوسفندانش را به چَرا می برد، اما گیانو نمی توانست روی کارش تمرکز کند. با فکر روزهای خوشی ـ که با جینگنیا داشتند ـ زمان را می گذراند. به غربِ آسمان، جایی که جینگنیا زندگی می کرد، می نگریست و روز شماری می کرد تا او را ببیند. جینگنیا روزهایش را پای دار بافندگی می گذراند، اما چشمانش به شرق آسمان، محل زندگی گیانو بود.

سرانجام یک سال گذشت و زمان ملاقات فرا رسید. با قلب هایی تپنده، هرکدام سفر طولانی خود به رودخانه ی نقره را آغاز کردند، اما زمانی که به آنجا رسیدند بسیار ناامید شدند، زیرا رودخانه آنقدر عریض بود که به سختی می توانستند یکدیگر را ببینند. آنجا نه پلی بود و نه قایقی تا بتوانند از رودخانه عبور کنند. به یکدیگر نگاه می کردند و گریه می کردند. اشک های آنها به صورت باران بر زمین می ریخت. آنقدر گریه کردند که از اشک هایشان سیلی به وجود آمد. و حیوانات و پرندگان از ترس اینکه مبادا خانه و زندگی شان نابود شود، جمع شدند تا چاره ای بیندیشند و جلوی سیل اشک را بگیرند.

ترس از نابودی همه ی حیوانات باعث شد تا کلاغ ها و زاغ ها داوطلب شوند که پلی در آسمان بسازند. تمام کلاغ ها و زاغ ها از زمین به سمت رودخانه ی نقره پرواز

کردند و به همین دلیل آسمان سیاه شد. با باز کردن بال هایشان پلی بر روی رودخانه درست کردند.

گیانو و جینگنیا وقتی که فهمیدند پرنده ها برایشان چه کار کرده اند، از گریه کردن دست کشیدند و روی این پل که از پَر درست شده بود به سمت یکدیگر دویدند. تمام شب در آغوش هم بودند و از زندگی شان و دلتنگی شان حرف زدند.

وقتی که خورشید طلوع کرد، کمی اشک ریختند و به سر کارشان در شرق و غرب برگشتند. از آن زمان به بعد کلاغ ها و زاغ ها روز هفتمِ ماه هفتم روی زمین دیده نشده اند. اما روز بعد که دیده می شوند، پَرهای روی سرشان کمتر است. بدون شک دلیل آن گیانو و جینگنیا هستند که از روی آنها رد می شوند تا به هم برسند.

همیشه روز هفتمِ ماه هفتم، صبح زود شاهد نم نم بارانی هستیم که همان اشک های گیانو و جینگنیا هستند که از غم یک سال جدایی می ریزند.

해님과 달님
خورشید و ماه

سال ها پیش پیر زنی بود که با دو فرزندش زندگی می کرد. روزی دو فرزندش را در خانه تنها گذاشت و به پشت کوه ها رفت تا در آماده کردن غذا برای جشنی کمک کند. آن شب، وقتی با مقداری کیک برنجی برای بچه هایش   به خانه برمی گشت، با ببری روبرو شد که راهش را بست.

ببر پرسید:

((مادربزرگ! مادربزرگ! با خودت چی داری؟))

((از جشنی برمی گردم و برای بچه هایم کیک برنجی می برم.))

((یکی از کیک ها را به من بده!))

((اما این کیک ها را برای بچه هایم می برم.))

((یا کیک برنجی به من بده یا تو را خواهم خورد.))

پیرزن چاره ی دیگری نداشت. کیک را به او داد و به راهش ادامه داد. همینطور که پیرزن روی تپّه ی بعدی استراحت می کرد، ببر دوباره ظاهر شد و راهش را بست.

ببر گفت:

((مادربزرگ! مادربزرگ! یا یک کیک برنجی به من بده یا تو را خواهم خورد.))

به این ترتیب مادربزرگ کیک دیگری به او داد و به راهش ادامه داد، اما ببر بارها راه او را بست تا بالآخره هیچ کیکی برای او باقی نماند. همینطور که مادربزرگ با عجله به سمت تپّه ی بعدی می رفت، ببر دوباره ظاهر شد و روبروی او نشست.

ببر گفت:

((مادربزرگ! مادربزرگ! یا یک کیک برنجی به من بده یا تو را خواهم خورد.))

((کیک ها تمام شده است. دیگر کیکی نمانده که به تو بدهم.))

((پس یکی از دستانت را بِبُر و به من بده!))

((نه! دستم؟! چطور می توانم با یک دست زندگی کنم؟))

((یا دستت را بده یا تو را خواهم خورد.))

پیرزن چاره ی دیگری نداشت. دستش را از کتف برید و به سمت ببر پرت کرد.

همینطور که ببر دستش را می خورد، پیرزن به سرعت از گذرگاه بعدی گذشت.

اما باز هم ببر روبرویش ظاهر شد و گفت:

((مادربزرگ! دست دیگرت را به من بده!))

((نه! چطور می توانم بدون دست زندگی کنم؟!))

((یا دستت دیگرت را بده یا تو را میخورم.))

پیرزن دست دیگرش را از کتف برید و جلوی ببر انداخت و به راهش ادامه داد.

همینطور که از گردنه ی بعدی عبور می کرد، ببر روبرویش ایستاد.

((مادربزرگ! مادربزرگ!))

((چه می خواهی؟))

((یکی از پاهایت را به من بده!))

((نه! چطور با یک پا به خانه بروم؟!))

((یا پایت را بده یا تو را خواهم خورد.))

پس پایش را برید و به او داد. مجبور شد تا گردنه ی بعدی لِی لِی کنان برود، اما باز

هم با ببر برخورد کرد.

ببر گفت:

((مادربزرگ! پای دیگرت را بده!))

((نه! اگر پای دیگرم را به تو بدهم، دیگر نمی توانم به خانه برسم.))

((یا پای دیگرت را بده یا ا تو را خواهم خورد.))

پیرزن پای دیگرش را هم به او داد و مجبور شد روی تپّه ی بعدی غلت بخورد، اما

ببر بازهم منتظرش نشسته بود. ببر گفت:

((مادربزرگ! مادربزرگ! می خواهم تو را بخورم.))

((نه! تقریباً به خانه رسیده ام. اگر مرا بخوری، چه کسی از بچه هایم مراقبت

خواهد کرد؟!))

ببر گفت:

((من!))

و در حالی که دیگر از این بازی خسته شده بود، مادربزرگ را بلعید. بعد لباس های

مادربزرگ را پوشید و به سمت خانه رفت. در خانه بچه ها بی صبرانه منتظر بودند

تا مادرشان برگردد.

ببر بچه ها را صدا زد:

((بچه ها! بچه ها! من از جشن برگشتم. در را باز کنید!))

بچه ها گفتند:

((نه! تو مادر ما نیستی. صدای مادر ما اینطور نبود.))

((من مادرتان هستم. تمام روز را در جشن آواز می خواندم، به همین دلیل صدایم

گرفته است. در را باز کنید!))

وقتی بچه ها از سوراخ در به بیرون نگاه کردند، دیدند که او مادرشان نیست.

بنابر این گفتند:

((دستهایت را به ما نشان بده!))

ببر پنجه اش را از شکاف در داخل کرد.

دخترک گفت:

((تو مادر ما نیستی. دست های مادر ما اینطور زبر و خشن نبود.))

ببر گفت:

((دست های من از کار امروز زبر و خشن شده است.))

پسرک گفت:

((دست های مادر ما صاف و لطیفند چون همیشه از روغن و   پودر   استفاده می کند.))

بنابر این ببر به آسیابی در آن اطراف رفت و کمی روغن به دست هایش مالید و سپس آنها را با آرد سفید پوشاند و به خانه برگشت.

با صدایی زیر گفت:

((بچه ها! بچه ها! من برگشتم، در را باز کنید!))

((دست هایت را نشان بده!))

این بار وقتی که ببر پنجه هایش را نشان داد، سفید و لطیف بودند.

بچه ها گفتند:

((این بار مادرمان آمده! بعد در را باز کردند.))

ببر خیلی زود آنها را به رختخوابشان فرستاد تا وقتی که خوابیدند، آنها را بخورد، اما خودش زودتر از همه به خواب رفت. وقتی که ببر خواب بود، بچه ها به سرعت فرار کردند و از درختی ـ که در کنار چاه آبی در پشت خانه بود و روی آنرا سایه

می انداخت ـ بالا رفتند. وقتی که ببر بیرون آمد، عکس بچه ها را در آب چاه دید.

ببر گفت:

((پس اینجایید!))

همین که خواست به داخل چاه بپرد و آنها را بگیرد پسرک بلند خندید. ببر صدایش را

شنید، به بالا نگاه کرد و پرسید:

((چطور به این سرعت بالای درخت رفتید؟))

دخترک گفت:

((ما روغن گنجد به دست هایمان مالیدیم و بالا آمدیم.))

ببر همانطور که دخترک گفته بود، به پنجه هایش روغن گنجد مالید، اما زمانیکه

خواست از درخت بالا رود لیز خورد.

ببر دوباره پرسید:

((بچه ها! چطور بالای درخت رفتید؟))

این بار پسرک جواب داد: ما تبری برداشتیم و به درخت ضربه زدیم و بالا آمدیم.

بنابراین ببر همانطور که پسرک گفته بود، با ضربه زدن، از درخت بالا رفت و به

بچه ها نزدیک و نزدیکتر شد. بچه ها با ترس از اینکه ممکن بود کشته شوند، دعا

کردند:

((خدایا! اگر می خواهی ما زنده بمانیم، برایمان یک طناب محکم بفرست! ولی اگر

می خواهی که ما بمیریم، برایمان طنابی فرسوده و پوسیده بفرست!))

طنابی محکم ظاهر شد و خواهر و برادر به آسمان رفتند. وقتی که ببر بالای درخت

رسید، او هم دعا کرد:

((خدایا! اگر می خواهی که من زنده بمانم، برایم طنابی پوسیده و کهنه بفرست. اما

اگر می خواهی که بمیرم، برایم طنابی محکم بفرست.))

از آسمان آنچه که می خواست فرستاده شد؛ طنابی کهنه و پوسیده ظاهر شد. ببر به سرعت به دنبال بچه ها بالا رفت، اما درست قبل از اینکه به آسمان برسد طناب پاره شد و ببر به زمین افتاد. ببر در زمینی از ذرت های خوشه ای سقوط کرد و مُرد. ساقه های ذرّت در بدنش فرو رفتند و از خون ببر قرمز شدند.

در آسمان، برادر، خورشید شد، و خواهر، ماه. پسر روزها بیرون می آمد و دختر شب ها؛ به این ترتیب به دنیا نور می بخشیدند. اما دخترک خجالتی و کم رو بود؛ یک روز به برادرش گفت وقتی مردم به او نگاه می کنند احساس خوبی ندارد. پس اجازه بده تا من خورشید باشم! آنوقت آنقدر روشن خواهم بود که مردم دیگر نمی توانند به من نگاه کنند.

به این ترتیب خواهر، خورشید شد و برادر، ماه. و تا به امروز، ساقه های ذرّت خوشه ای، از خون ببر قرمز   بوده اند؛ و تمام ببرها، به خاطر همان ببری که روی ذرّت های خوشه ای افتاد، روی بدنشان زخم هایی دارند که به شکل راه هایی قرمز شبیه به شیارهایی خونین بر پهلوهایشان دیده می شوند.

평강공주와 바보온달
شاهزاده پیانگنگ و اُندال احمق

در عصر گگیوریو، پادشاهی به همراه ملکه اش زندگی می کرد. آنها صاحب دختری شدند. پادشاه و ملکه از شدت خوشحالی سر از پا نمی شناختند. نام دخترشان را "پیانگنگ" گذاشتند. شاهزاده ی کوچک باعث افتخار و خوشحالی پدرش بود.

اما شاهزاده یک مشکل بزرگ داشت و آن هم این بود که او نمی توانست از گریه کردن دست بکشد. ندیمه های دربار او را در آغوش می گرفتند و راه می بردند. ملکه غذاهای خوشمزه برایش لقمه می گرفت تا بخورد. اما هیچکدام فایده ای نداشت. شاهزاده بدون وقفه گریه می کرد. پادشاه به همان اندازه که او را دوست می داشت، گریه ی بی وقفه اش برای او غیرقابل تحمل بود. اما هر چه تلاش کرد نتوانست کودک را از گریه کردن باز دارد. با وجود اینکه تمام قلمروی پادشاه گوش به فرمان او بودند، اما کنترل این کودک از دست او خارج شده بود.

سرانجام فریاد زد:

((اگر گریه ات را قطع نکنی، باید با اُندال احمق ازدواج کنی.))

این بدترین تهدیدی بود که به فکر پادشاه رسیده بود. با این حال شاهزاده، کوچکترین توجهی نکرد و به گریه ادامه داد.

او کمی بزرگتر که شد، به شاهزاده ای زیبا و شیرین تبدیل شد، اما هنوز هم بدون وقفه گریه می کرد. پدرش واقعا از این عادت او خسته شده بود. با عصبانیت فریاد زد:

((اگر به گریه کردن ادامه بدهی، باید با اُندال احمق ازدواج کنی.))

و اما این اندل احمق که بود؟!

اُندال جوانی زحمت کش بود که با مادر پیرش در نهایت تنگدستی زندگی می کرد. زمانی که پسر بچه بود، برای خود و مادرش غذا گدایی می کرد، و وقتی که بزرگتر شد هیزم می شکست تا نیاز هایشان را تامین کند.

مردم به دلیل صمیمیتی که با او داشتند به او احمق می گفتند. بچه ها او را به خاطر لباس های کهنه و ظاهرش مسخره می کردند. اما هر قدر که دیگران او را مسخره می کردند، او با خوشرویی می خندید. به همین دلیل همه اُندال را به چشم یک احمق نگاه می کردند. اصطلاح "اندال احمق" به سرعت در قلمروی پادشاه پخش شد و تبدیل به عبارتی برای مسخره کردن و تحقیر دیگران شد.

شاهزاده گریه های بچگانه اش را ترک کرد و به خانم جوان زیبا و باوقاری تبدیل شد. حال که دیگر گریه نمی کرد، پادشاه از دخترش بسیار راضی بود. روزی پادشاه تصمیم گرفت تا برای شاهزاده همسری مناسب پیدا کند. همه جا را جستجو کرد تا بالآخره همسری مناسب پیدا کرد. وی که پسر یکی از وزرای کابینه اش بود، بسیار زیبا و موفق بود. پادشاه با اشتیاق این خبر را به دخترش داد و منتظر بود تا او را ذوق زده ببیند.

پادشاه گفت:

((پیانگنگ! همسری که برایت انتخاب کرده ام، از بهترین خانواده های این قلمرو است. در درس هایش بهترین است و یکی از بهترین سرباز های من است.))

شاهزاده پیانگنگ بعد از کمی مکث جواب داد:

((سرورم، شما قبلاً همسرمرا انتخاب کرده اید.))

پادشاه که گیج شده بود گفت:

((منظورت چیست؟!))

((وقتی که من دختر کوچکی بودم، شما به من گفتید که باید با اُندال احمق ازدواج کنم. سخن پادشاه مقدس است و نباید از آن سرپیچی کرد.))

پادشاه مهبوت شده بود و با عصبانیت گفت:

((آن فقط یک شوخی بود. منظور من این نبود که باید با او ازدواج کنی. حالا، دخترم! آنچه می گویم را انجام بده!))

شاهزاده گفت:

((متأسفم، من باید با اُندال احمق ازدواج کنم. اگر با او ازدواج نکنم، شما دروغگو خطاب میشوید.))

هر قدر پادشاه تلاش کرد، شاهزاده دست بردار نبود. تا جایی که پادشاه دخترش را طرد کرد و او را از قصر بیرون انداخت. شاهزاده هم از مادرش خداحافظی کرد و قصر را ترک کرد.

شاهزاده به محل زندگی اُندال رفت. خانه اش چیزی جز کلبه ای محقر نبود، و به هیچ عنوان با قصر باشکوهی که شاهزاده آن را ترک کرده بود، قابل مقایسه نبود. زمانی که شاهزاده به خانه ی اُندال رسید، مادر کور و پیرش آنجا بود. وقتی که شاهزاده به مادر اُندال گفت که او کیست وچرا آمده است، مادر اُندال از تعجب زبانش بند آمد.

مدت کوتاهی بعد، اُندال با پُشته ی هیزمش رسید. وقتی که دید دختر جوان زیبایی کنار آتش نشسته حیرت زده شد.

تِتِه پِتِه کنان گفت:

((شما . . . شما کیستید؟))

شاهزاده همچنان که تعظیم می کرد، جواب داد:

((من شاهزاده پیانگنگ هستم. وقتی که دختر کوچکی بودم، پادشاه به من گفت که باید با شما ازدواج کنم.))

به این ترتیب پیانگنگ با اُندال احمق ازدواج کرد و در خانه ی او زندگی کرد. او از اُندال و مادرش به خوبی مراقبت می کرد. اما از سرنوشت آنها راضی نبود، زیرا در شوهرش قابلیت های بزرگی می دید.

شاهزاده به همسرش گفت به دلیل اینکه او همسر یک شاهزاده است، باید اعتماد به نفس و متانت بیشتری داشته باشد. شاهزاده به او یاد داد که چگونه محکم و با اعتماد به نفس رفتار کند و بطور مستقیم در چشمان دیگران نگاه کند. همچنین آدابِ معاشرت و خواندن و نوشتن را به او آموخت. شاهزاده جواهرات خود را فروخت تا برای همسرش کتاب بخرد و او را برای آموزش دیدن هنرهای رزمی بفرستد. اُندال شب و روز به سختی کار می کرد، درس میخواند و تمرین می کرد تا به یک جنگجو تبدیل شود.

روز مسابقه ی سلطنتی شکار فرارسید. شاهزاده پیانگنگ از اُندال خواست تا در مسابقه شرکت کند. او با تمام جنگجویان مسابقه داد و از همه ی آنها در هر مهارتی پیشی گرفت و بزرگترین افتخارات را از آن خود کرد. اما هیچکس نمی دانست که این جنگجوی جدید کیست.

وقتی که پادشاه نام پیروز مسابقه را پرسید، بسیار متعجب شد و از اینکه این مرد موفق و شریف که روبروی او ایستاده بود کسی نبود جز "اُندال احمق"، از این پیشامد خوشحال شد و سرانجام اُندال را به عنوان داماد خود قبول کرد.

پادشاه متأثر از قدرت نظامی اُندال به او مقام ژنرالی داد. بارها و بارها اُندال سربازانش را به سمت پیروزی هدایت کرد و باعث افتخار همگان شد. به این ترتیب اُندال از هیزم شکنی معمولی به ژنرالی پُرافتخار تبدیل شد.

در جنگی تعیین کننده با ارتش سیلا، اُندال وقتی پیروز شد. اُندال ژنرال با همسرش و پادشاه در قصر به خوبی و خوشحالی زندگی کردند.

호랑이와 곶감

داستان ببر و خرمالو

در اعماق کوهستان ها، روستای کوچک و آرامی بود و بر روی کوهی که پشت روستا بود ببر غول آسایی زندگی می کرد، موجود ترسناکی که از صدای غرش او تا فرسخ ها هر موجودی به لرزه می افتاد. یک عصر برفی زمستانی که ببر گرسنه بود به سمت روستا رفت تا آنجا چیزی برای خوردن بیابد.

پس از مدت کوتاهی، ببر به خانه ای رسید و بیرون پنجره ی آن ایستاد. ببر دید که بچه ی کوچکی درون خانه گریه می کند. صدای گریه ی بچه خسته به نظر می رسید، انگار که مدت زیادی گریه کرده بود. اما هنوز هم بدون وقفه گریه می کرد.

ببر پیش خودش فکر کرد:

(چه بچه ی لوسی! با خوردنش، این همه سر و صدا را تمام میکنم.)

زیر چشمی نگاهی به داخل اتاق انداخت و همین که خواست به داخل اتاق بپرد، صدای مادر بچه را شنید. مادر گفت:

((ببین! بچه جان! اگر باز هم گریه کنی، روباه صدایت را می شنود و تو را می خورد.))

بچه هیچ توجهی نکرد و همانطور به گریه ادامه داد. مادر سعی می کرد تا بچه را آرام کند، اما بچه به گریه کردن ادامه می داد. مادر دوباره سعی کرد:

((ببین! آنجا یک خرس است! دهان بزرگش را باز کرده تا تو را بخورد.))

اما بچه اصلاً نترسید و بدون کوچک ترین وقفه ای به گریه کردن ادامه داد.

ببر همینطور که بیرون پنجره به این طرف و آن طرف میرفت، پیش خود فکر کرد:

(این چطور بچه ای است که از خرس و روباه نمی ترسد؟ حتماً بچه ی شجاعی است.)

مملو از حس تحسین برای بچه بود که قار و قور شکمش دلیل آمدنش به روستا را یادش آورد و خود را برای هجومی به اتاق آماده کرد.

در همین لحظه مادر فریاد زد:

((ببین! ببر بزرگ کوهستان اینجاست. درست بیرون پنجره.))

ببر ایستاد و پیش خود فکر کرد:

(صبر کن ببینم قبل از اینکه او را بخورم چقدر می ترسد.)

بعد از پنجره به داخل اتاق نگاه کرد تا ترس بچه را ببیند و لذت ببرد. اما بچه هنوز هم بدون کوچک ترین نشانه ای از ترس گریه می کرد.

ببر در طول زندگی اش هیچگاه به انسان یا حیوانی بر نخورده بود که از او نترسد. وقتی که او نزدیک می شد، حتی درختها و کوه ها هم از ترس می لرزیدند. اما این پسر چطور بچه ای بود که از ببر نمی ترسید؟ این سؤال ببر را گیج کرده بود. اما، به هر حال، او ببر بود و تصمیم گرفت با خوردن بچه این مسئله را حل کند.

اما همین که خواست به اتاق حمله کند، مادر با صدای بلند گفت:

((ببین! این هم خرمالو!))

و بچه گریه اش را نیمه کاره رها کرد. به همین راحتی! دیگر جیک هم نزد.

در آن سکوت ناگهانی، فکری ترسناک ببر را فرا گرفت. پیش خود فکر کرد:

(خرمالو؟ یعنی از روباه و خرس ترسناک تر است؟ حتی از من هم ترسناک تر؟ باید هیولایی وحشتناک باشد.)

به اطراف نگاهی انداخت، قلبش از ترس به شدت می تپید. پیش خود فکر کرد:

(اگر خرمالو مرا ببیند، کار من تمام است.)

با یک پرش روستا را ترک کرد و با سرعت به کوهستان برگشت.

뱀 신 랑

مار شوهر

روزی روزگاری پیرزنی صاحب پسری شد، اما خیلی تعجب کرد چونکه آن پسر به صورت ماری به دنیا آمده بود. او هر روز پسرش را در کلاه حصیری خود پنهان می کرد و به مزرعه می رفت تا کار کند، اما شایعات به سرعت پخش شد.

در همان روستا سه دختر زندگی می کردند و وقتی شنیدند که پیرزن صاحب نوزادی شده است، بزرگترین خواهر به دیدن او رفت تا نوزاد را ببیند. بنابراین به پیرزن گفت:

((مادربزرگ، مادربزرگ! همه می گویند شما صاحب بچه ای شده اید، اما او را کجا پنهان کرده اید؟))

((به آن گوشه برو و آن کلاه حصیری را بردار!))

پس دختر رفت و کلاه را برداشت و زیر آن ماری را دید که زبانش را تکان می داد. دختر گفت:

((مادربزرگ! چطور می گویید که صاحب بچه شده اید؟ این یک مار است.))

این را گفت و فرار کرد.

حالا دختر دوم تا آمد تا بچه ی پیرزن را ببیند. دختر گفت:

((همه می گویند شما صاحب بچه ای شده اید، اما او را کجا پنهان کرده اید؟))

پیرزن به او گفت تا برود و کلاه حصیری را بردارد. دختر مار را دید و ترسید و

مانند خواهرش فرار کرد.

بالآخره کوچکترین دختر آمد و گفت:

((مادربزرگ! مادربزرگ! همه می گویند شما صاحب بچه ای شده اید، اما او را کجا پنهان کرده اید؟))

((به آن گوشه برو و کلاه حصیری را بردار.))

سپس دختر رفت، کلاه را برداشت و گفت:

((وای، مادربزرگ! چه آقای مار زیبایی به دنیا آورده اید!))

از آن روز به بعد مار به خواهر کوچکتر علاقه مند شد، اما وقتی که بزرگ شد و به سنّ ازدواج رسید، پدر و مادر مار طبق سنّت، اول از خواهر بزرگتر خواستگاری کردند. خواهر بزرگتر جواب داد: حتی اگر تا آخر عمر نتوانم ازدواج کنم، با یک مار ازدواج نمی کنم. سپس از خواهر دوم خواستگاری کردند، اما او هم با اظهار تنفّر نپذیرفت. بالآخره از کوچکترین خواستگاری کردند که گفت:

((شما باید موافقت مادرم را بگیرید، زیرا من به تنهایی نمی توانم موافقت کنم.))

وقتی که موافقت مادرش را گرفتند، مار بیرون آمد و گفت:

((مادر! مادر! برایم آب بیاور! آن را گرم کن و یک پیمانه هم آرد بیاور.))

وقتی که پیرزن آب را گرم کرد، مار حمامی گرفت، خود را با آرد پوشاند، و لباس هایش را پوشید. ناگهان به مرد جوانی زیبا که لباس دامادی به تن داشت تبدیل شد و به این ترتیب ازدواج کرد.

قرار شد تا عروس نگذارد هیچکس آن را لمس کند. او همانطور که داماد خواسته بود عمل کرد، و داماد یک شوهر کامل برای او شد.

حالا دو خواهر دیگر نسبت به خواهرشان حسادت می کردند. شوهرش به سئول رفته

بود تا در آزمون دولتی کواگو شرکت کند. اما آنها آنقدر اصرار کردند که او چاره ای نداشت. و بعد، دو خواهر پوست مار را درآورده و در آتش انداخته بودند. در یک لحظه پوست شوهرش در آتش سوخته بود.

و امّا زمان آن رسید که شوهرش از سئول برگردد، ولی او برنگشت، زیرا حس کرده بود که همسرش پوستِ ماری را ـ که او انداخته بود ـ گم کرده است. بنابراین زن جوان برای پیدا کردن همسرش به راه افتاد. علی رغم لباس های درب و داغون صورت کثیفش اما هنوز زیبا بود. به دور و نزدیک سفر کرد و پرس و جو کرد؛ آنجا که مردم در مزرعه ها چیزی می کاشتند، می ماند و کمک می کرد. جایی که مردم در کنار رود رخت می شستند، می ماند، کمک   می کرد، و لباس ها را به صخره ها می کوبید. و اگر ترشی های زمستانی درست می کردند، می ماند و ترشی درست می کرد. به این ترتیب، آرام، آرام، خود را به سئول رساند.

زمانی که به پایتخت رسید، به خانه ای که سقفی از پوشال داشت رفت تا تقاضای صدقه کند. مقداری پول و ارزن به او دادند. سعی کرد تا ارزن ها را در داخل کیسه ای بریزد، اما دانه های ارزن از سوراخی که تهِ کیسه بود بیرون ریخت. او تلاش کرد تا ارزن های ریخته را یکی یکی با چوب های غذاخوری بردارد، این کار تا غروب خورشید به طول انجامید.

((خواهش می کنم اجازه دهید امشب را اینجا بمانم.))

صاحبان خانه گفتند:

((اینجا جایی برای خواب تو نداریم.))

او بسیار خواهش و تمنا کرد تا بالآخره اجازه دادند تا در طویله ی گاوها بخوابد.

زن جوان بی آنکه بداند، به خانه ای آمده بود که شوهرش آنجا بود! آن شب ماه

قرص کامل بود و زن جوان خوابش نمی برد. بنابراین شروع به خواندن این آواز غمناکی کرد:

هست شوهر من اطراف اینجا؟	ای ماه تابان، ای ماه تابان
هرگز ندیدم او تا به اینجا	هرچند دارم چشمان بینا

شوهرش غرق در خواندن کتاب هایش بود که صدای آواز غمناکی را شنید. از مطالعه دست کشید و با خود گفت:

((من قبلاً این صدا را در جایی شنیده ام))

اما با خود اندیشید که ممکن است گوش هایش اشتباهی شنیده باشند و دوباره به مطالعه ادامه داد. در همین حین دوباره صدای آواز را شنید، اما بازهم با وجود غمی که در قلبش ایجاد شده بود، توجهی نکرد. وقتی که برای بار سوم آواز را شنید، خدمتکار شخصی خود را فرستاد تا ببیند چه کسی آواز می خواند.

خدمتکار وارد حیاط شد و فرد غمگینی که در نور ماه آواز می خواند را دید. به سوی اربابش برگشت و توضیح داد که چه کسی آواز می خواند. خدمتکار گفت:

((او یک گداست. ما امروز به او کمک کردیم و او اینجا ماند تا ارزن های ریخته شده بر زمین را جمع کند ولی این کار تا غروب آفتاب به طول انجامید. بنابراین خواهش کرد اینجا بخوابد و ما طویله گاوها را نشانش دادیم.))

شوهرش بیرون رفت تا خودش از نزدیک ببیند. او وانمود می کرد متوجه ی زن جوان نشده و زن جوان همچنان همان آواز را می خواند.

شوهر گفت:

((تو کی هستی؟ خودت را نشان بده!))

زن جوان از اینکه خودش را نشان دهد، خجالت می کشید، چون شبیه گداها شده بود.

دوباره شروع به خواندن آواز کرد:

ای ماه تابان، ای ماه تابان　　　　　　هست شوهر من اطراف اینجا؟

هر چند دارم چشمان بینا　　　　　　هرگز ندیدم او تا به اینجا

او آواز را چندین بار تکرار کرد.

شوهرش گفت:

((هی! پیرزن! از کجا آمده ای؟))

در نهایت زن جوان مجبور شد داستان بدبختی اش را بازگو کند. او گفت که چطور خواهرهایش به او کلک زدند و چطور سختی های رسیدن به سئول تحمل کرده است.

او گفت:

((وقتی که برنگشتید، همه جا به دنبالتان گشتم و بالآخره شما را اینجا پیدا کردم.))

شوهرش گفت:

((حالا متوجه شدم چه اتفاقی افتاده است.))

آنها به هم رسیدند و او به همسرش لباس های نو داد. بعدها شنیده شد که شوهرش در آزمون دولتی قبول شد و خوشبخت و خوشحال با هم زندگی کردند.

부 록

자리에서 꼼짝도 하지 않고 일도 하지 않는 게으름뱅이가 있었다. 어느 날 그는, 사람들은 모두 말도 타고, 가지고 있는 재산도 있는데 왜 내 행운은 잠만 자고 있지? 내 행운한테 가보는 것이 좋겠는 걸 이라고 혼잣말을 했다.
길을 가던 중 아픈 표범과 마주치게 되었다. 표범은 물었다:
"여보게 어디 가는가?"
"내 행운한테."
"목적지에 닿게 되면 내 행운한테도 물어봐 주게. 내가 왜 이렇게 아프고 힘이 없는지."
게으름뱅이는 "그러지"라고 하고 길을 계속 갔다.
좀 더 가자 너무 말라 한줌의 뼈에 지나지 않는 소를 만났다. 소는 물었다:
"여보게 어디 가는가?"
"내 행운한테."
"도착하면 내 행운한테도 내가 왜 이렇게 아프고 죽을 정도인지 물어봐 주게."
그는 "그러지"하고 길을 계속 갔다.
좀 더 가서 한 샘물가에 닿았다. 한 줌의 물을 먹고 몸통은 푸른데 마른 가지들을 가진 나무 한 그루를 샘물 곁에서 보았다. 나무는 물었다:
"여보게 어디 가는가?"
"내 행운한테."
"도착하면 내 행운한테도 내가 왜 이렇게 가지들이 바싹 말라 열매가 맺지 않는지 물어봐 주게."
그는 "그러지."하고 길을 계속 갔다. 창조물들의 행운들이 있는 산꼭대기에 닿을 때까지 가고 또 갔다.
처음에, 행운은 스스로 일어났다. 행운은 말했다:
"깼으니까 (행운아) 움직여라."
그러고 나서 행운은 나무1)를 깨웠다. 나무가 말랐고 열매가 맺지 않는 것에 대해 물었다. 나무의 행운은 말했다:
"나무 밑에 동전이 가득 찬 큰 항아리가 묻혀 있는데 그것을 파가는 사람은 부자가 될 것이고, 나무는 푸르고 푸르게 되어 가지와 잎이 가득해질 거야."
소의 행운도 말했다:
"만일 친절한 사람을 찾아 소에게 물과 풀을 주면 다시 소는 살이 오르고 젖이 가득하게 될거야."
게으름뱅이는 즐겁게 웃으면서 왔던 길로 돌아갔다. 나무에 닿을 때까지 가고 또 갔다. 나무는 물었다:
"내 행운을 만났니?"
"네 행운을 깨웠더니 네 다리 아래 동전이 가득한 큰 항아리가 묻혀 있대. 누구든지 그것을 꺼내면 부자가 될 것이고 너 또한 다시 젊고 싱싱하게 살아나게 된대."
나무는 말했다:
"그렇다면 왜 네가 꺼내지 (않니)?"
"내 행운이 일어나서, 더 이상 동전 항아리는 필요 없어."
아무리 나무가 애걸복걸해도 게으름뱅이는 듣지 않고 소한테 갈 때까지 갔다(가버렸다). 소의 행운한테 들은 말을 다시(소에게) 해 주었다. 그러자 소도 "물과 풀 좀 줘. 내 주인이 돼."라고 아무리 애걸복걸해도 그는 받아들이지 않고 길을 나아갔다.

---

1) 나무의 행운을 의미함.

표범에게 갈 때까지 가고 또 갔다. 표범은 말했다:
"내 행운도 만났니?"
"네 행운이 일어나서 네가 미친 사람 뇌를 먹게 되면, 좋아진대."
"오던 길에서 다른 일은 없었니?"
게으름뱅이는 지금까지 있었던 일을 표범에게 다시 들려주었다.
표범이 물었다:
"넌 왜 큰 항아리를 꺼내질 않았고, 넌 왜 소를 갖지 않았니?"
그는 말했다:
"내 행운이 일어났는데 동전 항아리나 소나 양이 더 필요해?"
표범은 말했다:
"(이 세상에) 너보다 더 미친 사람이 있겠어."
표범은 그 자리에서 게으름뱅이를 죽여, 뇌를 먹고는 자신을(스스로) 치료했다.

2과 구두 깁는 남자

오래 전, 벌이가 시원치 않은 구두를 깁는 남자가 있었다. 무슨 일을 해도 돈을 벌지 못하고 있었다. 그의 아내는 언제나 이게 무슨 사는 거냐고 투덜거렸다. 아침부터 밤까지 구두를 기웠지만 아주 조금밖에 벌 수 없었다. 돈을 더 벌어야 했다. 남자는 할 수 있을 만큼 노력을 했지만 벌이는 많아지지 않았다. 마침내 더는 견딜 수 없어 숨이 막힐 지경에 이르렀을 때 혼잣말을 했다:
"더 이상 이렇게 살 힘이 없구나. 지쳤어. 다른 데로 가서 가난을 면해야지."
길을 정해, 가고 또 가, 두 갈래 길에 닿았다. 구두 깁는 남자는 산 옆에서 한 노인을 만났다. 노인은 그에게 안부를 물었다. 그도 노인에게 말했다:
"아내의 투덜대는 소리 때문에 지쳤어요. 다른 곳으로 가 가난을 면하고 싶어요."
노인은 그에게 말했다:
"한 흑인이 앉아 있는 곳에 이를 때까지 이 길로 가게. 자네는 그에게 가서 공손하게 인사를 하게. 그리고 자네의 고통을 말하게. 그 흑인은 자네를 도와줄 거야."
구두 깁는 남자는 바로 그쪽을 향해 갔다. 그곳에서 흑인을 만났다. 앞으로 가 공손하게 인사를 했다. 흑인은 그에게 답했다. 그리고 무엇 때문에 왔는지 물었다. 남자는 사정을 전부 설명했다. 흑인은 그에게 말했다:
"그래, 그럼 자네의 고통을 해결할 방법을 찾아 볼 테니 잠시 기다리게."
흑인은 그에게 말했다:
"산 아래에 한 도시가 있네. 그곳으로 가게, 그 도시에는 가난한 사람은 존재하지 않지. 모두 부자고 상인들이오."
남자는 흑인에게 작별인사를 하고 길을 나섰다. 흑인이 말했던 바로 그곳에 이르렀다. 도시가 매우 아름다운 것을 알았다. 도시로 들어가자마자, 아이들이 그를 에워싸고 남자의 찢어진 옷을 보고 그의 둘레를 빙빙 돌며 가난한 사람이 왔다고 소리를 지르기 시작했다. 바로 그 때 한 남자가 그를 보고, 아이들을 내쫓고 (그에게) 말했다:
"어떻게 된 일인지 알아보려고 하니 우리 집으로 오게. 아마 자네를 위해 내가 뭔가 할 수 있을 지도 몰라. 원천적으로 왜 이런 상태가 되었는가? 왜 자네 일상이 이런가? 어디서 왔는가?"
남자는 말했다:
"가난을 면할 곳을 찾아다니고 있어요."
그 남자는 구두 깁는 남자에게 말했다:
"좋아, 내일 깨끗한 옷을 입혀 줄게. 그리고 자네 문제를 해결하도록 노력해 보지."
부자 남자는, 구두 깁는 남자에게 새 옷을 입혀 주고, 돈 한 자루와 아름다운 안장과 마구를 가진 말 한 필을 그에게 주었다. 그러고 나서 구두 깁는 남자에게 말했다:
"자네는 내일 (밖에서) 도시로 들어오는 거야. 나 또한 매우 돈이 많고 인도의 유명한 상인인 내 아우의 아들이라고 널리 알릴 거야. 모두들 자네를 환영하러 올 걸세. 자네는 들어오자마자 내 발 아래 엎

드려 울부짖게. 그러면 난 내 아우의 건강과 자네의 상황을 물어 볼 테니까. 자네는 대답하게.”

다음 날 아침 상인이 초대해 놓은 모든 사람들이 구두 깁는 남자를 환영하기 위해 갔다. 그리고 그 또한 말했던 대로 상인처럼 행동을 했다. 그는 역시 돈이 든 자루에서 일정하게 돈을 뿌리고 있었다. 상인은 그에게 말했다:

“집에 닿기 전까지 자루에 한 냥도 남아있지 않게 하게.”

그리하여, ‘아흐마드’라는 이름을 얻게 된 구두 깁는 남자는 매일 한 상인에게 가서 말하곤 했다:

“내 배가 오고 있는 중이오. 지금 2000토만이 필요한데, 내 물건이 도착하면 자네에게 꾼 돈을 갚아 주겠소.”

이리하여 또 다른 사람에게, 도시의 많은 사람들에게 이러한 수단으로 돈을 빌렸다. 구두 깁는 사람 역시 연속해서 돈 씀씀이가 커지고 헤퍼졌다.

얼마 후 이런 일이 임금님에게도 전해져 어느 날 밤 상인을 초대했다. 상인에게 말했다:

“내일 네 아우의 아들을 데려 오너라.”

모두가 왔을 때 임금님은 그의 안부와 상태를 물었다. 남자는 요약하면……자신은 상품을 가득 실은 수십 척의 배와 대상인용 낙타도 몇 마리와 왕을 수행하는 수행원과 하녀와 노예를 가지고 있다고 거짓말을 하기 시작했다. 임금님은 남자의 말을 다 듣고 나서, 대신을 향해 말했다:

“대신! 이 많은 재산을 가진 이 남자에게 내가 줄 수 있는 그에 걸 맞는 선물은 무엇이 있겠소? 이 사람은 모든 것을 다 갖고 있군.”

대신은 말했다:

“공주님을 주는 것이 좋겠습니다.”

임금님은 말했다:

“이 일을 위해서 지금보다 더 좋은 모임은 없군,!”2)

임금님은 상인을 향해 말했다:

“난 내 딸을 아흐마드 왕국에 주고 싶네.”

상인은 정말 일이 잘못되어 가는 것을 알았다. 그러나 그는 내 아우의 아들이 아니라는 말을 할 용기가 없었다. 이리하여, 딸을 그(구두 깁는 남자)와 결혼시켰다.

얼마가 지났다. 한 달 그리고 두 달 그리고 여섯 달 그러나 그의 배와 물건들에 대해서는 아무런 소식이 없었다. 그 즈음 몇몇 상인들은 궁으로 갔다. 그리고 상황을 설명했다:

“그 남자는 모든 사람에게 돈을 빌렸습니다. 그리고는 물건들이 오면 곧 꾼 돈을 주겠다고 합니다. 그러나 지금까지 아무것도 되질 않았습니다. 우리들도 돈을 받고 싶습니다. 그러나 그에게 말할 용기가 없습니다. 왜냐면 이젠 임금님의 사위가 되었으니까요.”

임금님은 말했다:

“내 딸에게 남편과 이야기해서 문제의 핵심을 알아보라고 말해 보마.”

왕비(딸의 어머니) 또한 문제 삼았다. 밤에 남편이 돌아오자 딸(공주)도 말했다:

“도대체 당신의 그것들 어떻게 됐어요? 당신이 말했던 물건과 상품들 다 어떻게 되었는지 말하세요?”

남자는 그녀에게 말했다:

“아! 당신 한 낱 구두 깁는 남자에게 무슨 기대가 있소?”

딸은 그에게 말했다:

“그럼 당신이 한 말은 모두 거짓이었어요? 좋아요. 이제라도 늦지 않았어요. 도시를 떠날 말 한 필을 줄게요!”

며칠이 지나 딸의 주위 사람들은 아흐마드3)는 어디 갔는지 물었다. 딸은 물건을 실은 배를 찾으러 떠났다고 대답했다. 임금님은 딸에게 말했다:

“왜 우리에게 알리지 않았니?”

딸은 말했다:

“아흐마드는 혼자 스스로 이 일을 처리하고 싶어 했어요.”

---

2) 지금이야말로 이 일을 실행할 시간이라는 의미의 모임임.

3) 아흐마드가 부마이기 때문에 본문에는 ‘왕’ 혹은 ‘왕자’로 표기되어 있으나, 의미상으로는 구두 깁는 남자를 지칭함.

아흐마드에 대해 들어보기로 합시다.
가고 또 가서 10, 12일이 지나 양식이 떨어졌다. 한 마을근처에 닿았다. 그는 밭을 갈고 있는 한 노인을 보았다. 노인에게 말했다:
"어르신 배가 고파요."
노인은 말했다:
"지금 난 가지고 있는 것이 없네. 저녁식사 때 음식을 먹으러 집으로 데리고 갈 테니 잠깐 기다리게."
남자는 말했다:
"너무 배가 고파 참을 수가 없어요. 이 금화 한 냥을 가지고 가서 마을에서 음식을 사 오세요. 돌아올 때까지 제가 대신 밭을 갈고 있을게요."
노인은 응낙을 하고 길을 나섰다. 남자가 밭을 갈고 있는데 땅 속에 묻혀 있던 쇠사슬이 쟁기의 칼날에 닿았다. 남자는, 사슬을 잡아 당겼다. 작은 문이 열렸다. 작은 문 아래에는 계단과 지하실이 있었다. 그는 내려갔다. 그리고 판 위에 상자 하나가 있는 것을 보았다. 상자를 열자 그 안에는 작은 상자가 있는 것을 보았다. 그것을 열자 그 안에 반지가 하나 있었다. 반지를 자신의 손에 끼었다. 손으로 반지의 단백석을 만졌을 때, 갑자기 그 앞에 숫 마귀 둘이 나타나 말했다:
"명령을 하세요. 무슨 일을 해 드릴까요? 어디를 없애 버릴까요?! 무엇을 해 드릴까요?"
구두 깁는 남자는 말했다:
"천막마다 시녀와 노예가 있는 금으로 장식된 천막 100동."
갑자기 자신의 뒤를 보았다. 그를 향해 시중을 들 준비를 한 하인들과 함께 천막 100동이 있었다. 구두 깁는 남자는 말했다:
"바다 위에 물건을 가득 실은 배 50척을 원한다. 게다가 낙타 100마리도 원한다."
이때 노인이 오자 그는 노인에게 말했다:
"어르신의 농토에서는 어느 정도 수확을 합니까?"
노인은 말했다:
"금화 50냥."
남자는 말했다:
"여기 금화 500냥과 이 농토 역시 어르신 것입니다. 내 천막이 그곳을 어느 정도 망가뜨렸으니 절 용서하세요."
남자는 그를 위해 기도를 했다. 그리하여, 그들은 천막을 걷고 길을 나섰다. 그는 한 통의 편지를 썼다. 그리고 하인에게 주며 말했다:
"곧장 내 아내에게 가서 모든 물건들을 돌려받았다고 말해라."
소식을 전하기 위해 하인은 길을 나섰다. 임금님에게 소식이 닿아 상인들과 함께 모두들 그를 환영하러 왔다. 그리고 낙타 100마리와 하인이 딸린 천막 100동을 가진 대상인이 왔다. 임금님은 말했다:
"자네의 배는 어디 있는가?"
그는 말했다:
"바다에 있습니다만 지금 오고 있는 중입니다."
그러고 나서 자신이 백부라고 했던 그를 앞으로 불렀다 그리고 그에게 하녀와 하인이 딸린 천막 10동을 주었다. 그러고 나서 말했다:
"자넨 나를 믿어준 관대함을 가지고 있기 때문에, 내일 배들 중에서 물건을 실은 배 한 척을 고르게."
그 후 다시 손으로 자신의 반지를 만졌다. 갑자기 마귀가 나타났다. 마귀에게 말했다:
"아무 곳에 있는 나의 집으로 가서 내 아내를 깨지 않게 자는 상태로 데리고 오게."
마귀는 눈 깜짝할 사이 아직 깨지 않은 상태로 그의 아내를 데리고 왔다. 하녀들에게 그녀를 목욕탕으로 데리고 가 아름다운 옷을 입히라고 명했다. 그 후 아내에게 말했다:
"여보! 당신의 입에서 내가 당신의 남편이라고 하고, 임금님이 알게 되면 가만 안둘 거야! 나는 임금님의 사위이고, 내 이름은 말레케(왕)[4] 아흐마드요. 당신도 이곳에 머물며 편안하게 사시오, 이상."

---

4) 여기서는 스스로 직위를 표현한 것 임.

어느 오랜 옛날. 세상에 널리 알려진 딸을 가진 왕이 있었다. 아무리 청혼을 하러 와도 얼마나 어렵게 했는지 몰래 멀리 도망쳐 힘없이 돌아가곤 했다.

어느 날 한 대머리가 보자기에 빵을 다섯 개 넣고는 공주님에게 청혼을 하기 위해 길을 나섰다. 가던 대로 가 숲에 닿았다. 숲 속에 한 마귀가 앉아 마치 며칠 동안 아무것도 먹지 못한 듯이 이를 바득바득 갈고 있었다.

그는 혼잣말을 했다:

"(이 동물은)배가 고프구나. 이 빵들을 주면 좋겠지."

대머리는 빵 보자기를 마귀에게 주고 떠나려고 하는데 마귀는 대머리를 보며 말했다:

"이봐 대머리, 가지 마. 내 머리카락 중 하나를 뽑아 가."

대머리는 말했다:

"네 머리카락이 내게 무슨 쓸모가 있어?"

마귀는 말했다:

"어느 날인가 결국은 소용이 있을 거야."

대머리는 마귀의 머리카락 하나를 뽑아 길을 나섰다. 가던 대로 가 어느 샘물가에 닿았다. 두 번째 마귀가 샘물가에 앉아 추위로 떨고 있었다. 마치 겨울동지처럼 부들부들 이를 부딪히고 있었다. 대머리는 혼잣말을 했다:

"(이 동물은) 추운가 보구나. 내 겉옷을 벗어 어깨에 덮어주면 좋겠지. 나보다 많이 추운가봐."

대머리는 겉옷을 벗어 마귀에게 덮어 주고 길을 가려는데 마귀가 말했다:

"이봐 젊은이, 내 머리카락 중 하나를 뽑아 가지고 가게."

대머리는 말했다:

"네 머리카락이 내게 무슨 쓸모가 있어?"

마귀는 말했다:

"어서 내 머리카락을 가지고 가, 어느 날인가 소용이 있을 거야."

대머리는 마귀의 머리카락을 하나 뽑아 길을 나섰다. 강에 닿을 때까지 갔다. 그런데 그는 연속해서 뒤를 이은 개미의 행렬이 물속으로 하나씩 하나씩 빠져 죽는 것을 보았다. 대머리는 긴 막대기를 들고 개미들이 있는 바로 앞에 다리를 만들어 주었다. 가려고 하는데 뒤에서 어떤 소리가 들렸다. 그의 귀 뒤에서 개미 한 마리가 말했다:

"젊은이. 내 머리카락 중 한 개를 뽑아 가."

대머리는 말했다:

"네 머리카락이 내게 무슨 쓸모가 있어?"

개미는 말했다:

"난 개미들의 왕 이란다. 네가 우리들에게 베푼 선행대신에 아마 어느 날인가 우리들이 네게 도움을 줄 날이 있을 거야."

대머리도 개미의 머리카락을 마귀의 머리카락 옆에 (그의) 손수건 안에 넣고, 길을 나섰다. 왕의 궁전에 닿을 때까지 가고 또 가고 또 갔다. 성문을 두들겼다 그러자 누군가 문으로 와 물었다:

"젊은이, 무슨 일인가?"

대머리는 말했다:

"공주님에게 청혼을 하러 왔소."

(그가) 물었다:

"(어떤 사람을) 누구?"

대머리는 말했다:

"분명하잖아요, 나요."

남자는 가서 왕에게 그런 말을 전했다:

"임금이시여 평안하기를. 한 대머리가 성문에 와서 임금님에게 공주님과의 청혼을 한다고 말합니다."

왕은 말했다:

"(그대들은) 가서 목욕을 준비해라. 그리고 대머리를 목욕탕에 넣어 버려라."
이제 어디부터 들려줄까, 명령을 한 왕에 관해, 욕탕을 일곱 밤 일곱 낮을 데웠다 그리고 공주에게 청혼을 하러 오는 사람마다 이 목욕탕으로 보내곤 했다, 누구도 이 목욕탕에서 살아서 돌아간 적은 없었다.
(그들은) 대머리를 안내하며 목욕탕 문을 알려 주고는 말했다:
"만일 공주님을 원한다면 우선 여기에서 목욕을 해야만 한다."
대머리는 (목욕탕에) 가까워지자 아니란 것을 알았다. 사람은 여기서 살아서 갈 수 없다. 목욕탕 벽들은 열기로 벌겋게 되어 있었고 욕조는 끓는 물로 가득 차 부글부글 거리고 있었다. 한 순간(갑자기) 두 번째 마귀가 생각났다. 마귀의 머리카락을 불에 태우자, 오 젊은이 무슨 명령이 있나요?라 하며 눈 깜빡할 동안에 나타났다. 대머리는 목욕탕을 보여주며 자초지종을 이야기했다. 마귀는 말했다:
"걱정 말게."
그리고 깊은 숨을 쉬더니 목욕탕의 열기를 가슴 안으로 들이마셨다. 그리하여 욕실을 차게 했다. 아침이 되자 사람들이 와서 목욕탕 문을 열었다, (그들은) 대머리가 욕조와 목욕탕 한 가운데에 있으며 목욕탕이 추운 곳으로 변한 것을 보게 되었다.
(그들은) 가서 왕에게 소식을 알렸다. 왕은 말했다:
"괜찮다. 가서 300kg의 쌀과 300kg의 고기로 모든 사람들을 먹일 수 있는 음식을 만들라고 해라. 만일 그렇게 못하면 목을 베어 버릴 것이다."
(그들은) 가서 대머리에게 그 조건을 말했다. 대머리는 손을 자신의 머리에 대고 머리를 긁는 듯이 하며 첫 번째 마귀를 떠올렸다. 마귀의 머리카락을 손수건 안에서 꺼내 (음식을 만드는) 화로에 태웠다. 눈 깜빡할 사이 마귀가 나타났다. 음식들을 준비하여 쟁반 300개를 줄을 지어 차려 놓았다. 마귀는 음식(들)을 먹고 나서 물 한잔도 마셨다. 대머리가 무난히 사람들에게 음식을 먹였고 쌀 한 톨도 남지 않았다는 소식을 임금에게 전했다.
임금은 말했다:
"좋다, 이번에는 무사하지 못할게다. 900kg의 밀과 900kg의 보리와 900kg의 콩을 함께 섞어 놓아라. 아침까지 이 세 가지를 각기 나누어 한 편에 분리해 놓으면 아무 일 없겠지만, 그렇지 못하면 목을 베어 버릴 것이다."
(그들은) 가서 대머리에게 세 번째 조건을 말했다. 대머리는 할 수 있는 일이 아니라는 것을 알았다. 갑자기 개미 왕이 생각났다. 개미의 머리카락을 손수건에서 꺼내 불로 태우자 눈 깜빡할 사이 개미들이 나타나 말했다:
"오 젊은이! 내가 무슨 일을 해 줄까?"
대머리는, 밀과 보리와 콩들을 보여 주며 말했다:
"임금님께서 이것을 아침까지 서로 나누어 놓으라고 하신다. 만일 그렇게 하지 못하면 내 목을 베어 버린단다."
개미 왕은 말했다:
"오 젊음이! 자네는 푹 쉬고 있게 걱정 말게, 이건 우리가 (할테니)!"
대머리는 자려고 머리를 대고 있는데 개미 왕이 귀 뒤에 와서 말했다:
"만일 더 이상 명령이 없다면 그만 실례하네."
대머리는 일어나 임금이 원한대로 밀은 한 쪽에, 보리는 한 쪽에, 콩은 한 쪽에 서로 나누어 한 알도 다른 쪽에 섞이지 않게 나누어 있는 것을 보았다. 대머리는 개미들에게 감사했다. 그들은 갔다.
대머리는 궁전으로 가 말했다:
"임금이시여 평안하시기를! 이번 세 번째 조건도. 다른 명령은 없으시나요?"
왕은 대머리가 세 번째 조건도 아침까지 끝지 않고 셋을 나누어 완수한 것을 보고 말했다:
"더는 다른 조건을 달 수 없구나. 이건 운명이 로구나 공주는 네 것이다. 오 젊은이! 다만 이것을 알아라. 황(黃)마귀가 내 딸을 사랑하고 있단다."
대머리는 공주를 데리고 길을 나섰다. 둘은 가고 있는데 어떻게 알았는지 황마귀가 세 다리를 가진 말을 타고 와 대머리의 손과 발을 잡아 우물(웅덩이)안으로 던져 버렸다. 대머리는 우물(웅덩이) 속에 죽은 사람들로 꽉 차 있는 것을 보았다. 재빨리 가서 다른 죽은 사람들 (시신)아래 자신을 숨겼다. 마귀는 (그의)단도를 꺼내 위에 있는 죽은 사람들의 배를 갈랐다, 대머리가 죽었다는 생각을 하고 나서 공주의 손을 잡고 자신의 궁전으로 끌고 갔다.

며칠이 지나 대머리는 온갖 수고를 다해 우물(웅덩이)에서 **빠져** 나왔다. 황마귀의 궁전에 닿을 때까지 가고 또 갔다. 그는 공주가 창문으로 (밖을) 내다보는 것을 보았다. 공주는 대머리를 보고 매우 기뻐하며 말했다:

"대머리님! 당신 죽지 않았어요?"

대머리는 말했다:

"다음을 위해 이야기는 남겨 둡시다. 난 가야만 하오. 이제 마귀가 올 거요. 그리고 날 보면 당신과 날 죽일 거요. 다만 오늘밤 세 다리를 가진 말을 어디에서 가져오는지 마귀에게 물어 보시오."

대머리는 이 말을 하고 갔다. 잠시 후, 황마귀가 공주한테 왔다.

공주는 물었다:

"마귀님! 세 다리를 가진 말을 어디에서 가져 오나요?"

마귀는 말했다:

"도대체 넌 이 일과 무슨 상관이냐?"

공주는 말했다:

"내게 말을 어디에서 가져 오는지 말하거나 아니면 내가 죽어도 그냥 두세요."

마귀는 말했다:

"좋아 잘 들어. 나는 바다 옆에 보리를 떨어뜨렸다. 보리가 푸르게 자라자 세 발 달린 말이 풀을 먹으러 왔지. 올가미를 걸어 잡았지. 그러나 말의 어미는, 여섯 발이야 그래서 잡기가 그렇게 쉽지는 않지. 세 발 달린 말은 어미보다 빨리 달리고 날쌔지. 그렇지만 만일 어미가 돌아와 짖으면(울면), 세 발 말은 탄 사람이 누구든 가리지 않고 말에서 떨어뜨려 버리. 그래서 70m지하로 갈게 돼."

마귀가 돌아간 다음 날, 대머리는 와서 물었다. 공주는 들은 것을 모두 말했다. 대머리는 바다 옆으로 가서 한 줌의 보리를 뿌렸다. 보리들이 푸르게 될 때까지 기다렸다. 그러고 나서 며칠 동안 지켜보았다. 어느 날 여섯 발이 달린 말이 오더니 곧 뒤를 이어 세 발 달린 말이 왔다. 대머리는 올가미를 걸어 여섯 발 말을 잡았다. 대머리는 그 말을 타고 궁전까지 와서 공주를 말 등에 앉히고 말을 몰았다. 황마귀는 이런 사실을 알게 되었다. 세 발 말을 타고 그들의 뒤를 쫓았다. 황마귀가 그들에게 가깝게 되자마자 대머리는 여섯 발 말의 머리를 돌려 자신의 새끼 말을 보게 했다. 세 발 말이 울었을 때 황마귀는 땅에서 떨어졌다. 마귀는 70m 지하로 떨어졌다.

대머리와 공주는 여섯 발 말에서 내려 말을 자유롭게 놓아 주었다. 말도 새끼를 데리고 그들이 왔던 곳으로 갔다.

대머리와 딸도 자신의 고향으로 갔다. 두 사람은 먹고 마시며 자신들의 목적을 이루었다.

그들이 이룬 것을 여러분도 이루기를. 그리고 그들의 적들에게 가해진 것이 여러분의 적들에게도 가해지기를. (여러분도) 먹고 마시세요 그리고 즐겁기를. 그리고 평화를.

4과 물고기 엄마

옛날 오랜 옛날 계모를 둔 한 딸이 있었다. 아버지는 고기잡이를 하고 있었다. 아침부터 오후까지 강가로 가서 망을 걸고 물고기를 잡곤 했다. 물고기들을 집으로 가지고 오곤 했다. 딸은 그것을 씻어 깨끗하게 했다. 아버지는 그것들을 시장으로 가지고 가서 팔곤 했다.

어느 날 딸이 물고기들을 깨끗하게 하기 위해 (강)물 옆으로 가지고 가자 아직 반은 살아 있던 물고기들 중 한 마리가 (사람의 말로) 말했다:

"아가씨, 날 물에 놓아 자유롭게 해 주면 그 대신 아가씨가 원할 때마다 들어 줄게. 아가씨 내 목숨을 구해 줘."

마음이 착한 딸은 물고기를 강물에 놓아 주었다. 물고기는 말했다:

"내게 선행을 베풀어준 주었으니 언제든지 날 원할 때마다 강가로 와서 물고기 엄마하고 불러라."

그리하여: 얼마가 지나갔다. 어느 날 딸이 물고기들을 깨끗하게 하려고 강가로 갔을 때 발이 미끄러져 딸의 신발이 (강물로) 떠내려갔다. 우연히 강 약간 아래에서 하인들과 사냥을 하던 왕자가 신발 한 짝

을 물에서 주웠다. 이런 상황을 길조로 보고 물이 광채가 나는구나하고 말했다. 신발의 주인의 운 또한 밝을 거야: 내가 만일 신발 주인을 (아내로) 맞아들이면 나의 운도 이 물처럼 밝아 질 거야. 이런 말을 하고 나서 하인들에게, 가서 신발 주인을 찾아 데리고 오라고 명령을 내렸다. 하인들은 가서 마을에 소식을 알렸다. 성질이 고약하고 매우 질이 나쁜 딸의 계모는 소식을 들었을 때 신발이 딸의 것이란 것을 알고 있었다. 그래서 몹시 질투가 났다. 그리고는 몇 종류의 약을 만들었다. 딸에게 먹으라고 주었다. 딸이 약을 먹자 배가 부풀어 올랐다. 계모는 사실을 말해, 누구 아이를 임신한 거니? 하고 허튼 소리를 하기 시작했다. 딸은 모든 힘을 다해 애걸복걸하며 눈물을 흘리며 울었다. 계모는 가만두지 않고 (집을) 나가야만 한다고 말했다. 그녀는 체면이 말이 아닌 것을 알고 밖으로 나가 강가에 앉았다. 물고기 엄마가 생각났다. 소리를 질렀다:
"물고기 엄마! 물고기 엄마!"
조금 지나자 물고기 엄마가 강가로 와서 말했다:
"애야! 말해 봐 무슨 일이니?"
딸도 자신의 이야기를 그녀에게 들려주었다. 물고기 엄마는 말했다:
"아무 일도 아니다."
그녀의 꼬리로 딸의 배 위를 쓰다듬자 곧 딸의 배가 원래대로 되었다. 그리고 나서 말했다:
"지금부터 쭉 네가 웃을 때마다 네 입에서는 꽃이 나올게다 그리고 네가 울 때마다 네 눈에서는 진주가 나올게다. 네가 걷는 길마다 (그 아래는) 금으로 변할게다!"
딸은 기쁘게 웃으면서 집으로 돌아갔다. 왕자의 하인들이 와서 신발을 시험해 보았다. 그들은 딸의 것이란 것을 알았다. 딸을 데리고 가서 왕자와 결혼을 시켰다. 신이시여, 딸이 결실을 이룬 대로 모두 이루기를.

5과 상인의 아들

옛날에 욕망이 큰 한 상인이 있었다. 가지고 있는 욕망 때문에 멋진 집을 짓고 거실의 천장에 사슬로 엮은 등이 있는 자리에 작은 장소를 만들었다. 그리고 건축을 끝냈다. 그러나 아무도 그곳에 무엇을 두었는지 알지 못했다. 상인은 자신보다 호색적인 생활을 능가하는 방탕한 아들을 두고 있었다. 아들의 인생은 게으름과 무위도식으로 흘러갔다. 상인은 자신이 죽음에 가까웠을 즈음인 어느 날 아들에게 말했다:
"내 사랑하는 자식아! 난 네게 방탕한 생활을 하지 말라고 말하진 않겠다. 그러나 네게 부탁이 하나 있다. 내가 죽은 후, 네 마음이 도박을 하고 싶은 욕망이 생기면 가장 재주가 뛰어난 사람과 도박을 해라. 그리고 네가 매춘을 하고 싶을 때는 아침에 가거라. 그리고 누군가 를 친구로 삼고 싶을 땐 그를 시험해 보거라. 그리고 만일 도박과 방탕한 생활을 한 이유로(영향으로) 네 재산을 전부 잃고 네게 돈 한 푼도 남아 있지 않으면 여기 저기 손을 내밀지 말고, 죽게 천장에 있는 사슬로 된 작은 고리에 네 몸을 묶어라(매달아라). 그러나 누구에게든 도움을 받지 않도록 해라(남의 도움을 필요로 하는 사람이 되지 마라)."
얼마 후 상인은 죽었다 그리고 미련한 아들은 방탕한 생활을 그만두지 않았다. 어느 날 도박을 하고 싶었다. 그리하여 아버지의 충고대로 가장 재주가 뛰어난 도박꾼을 찾기 위해 도시를 돌아다니기 시작했다. 오랫동안 찾아다니던 끝에 한 남자를 찾았다. 그런데 몸의 반은 재속에 묻혀 있고, 나머지 반은 벗고 있었다. 목욕탕의 (물을 데우는)화로 이외에는 거주할 곳이 없었다. 상인의 자식은 그에게 함께 도박을 하자고 했다. 도박꾼은 얼마 되지 않은 순간에 상인의 자식의 많은 돈을 가져갔다. 아들은 도박을 할 때마다 졌다. 한 번도 이긴 적이 없었다. 도박이 끝나고 나서, 상인의 자식은 자신의 집으로 향했다. 길을 가면서 그는 도박을 이 정도로 잘 하는데 왜 쓰레기와 재속에서 잠을 자는 거지라는 생각에 잠겼다. 내가 만일 도박을 한다면 결국 이런 상황이 되겠군! 바로 이런 이유로 도박을 다 끊었다 그리고 두 번째 충고대로 나아갔다. 다음 날 이른 아침 매춘부에게 갔다. 그러자 (나쁜) 일을 하는 여자 중 한 사람이 머리와 얼굴이 더럽고 엉망진창인 상태로 문을 열었다. 상인의 아들은 문에서 바로 돌아왔다. 그리고 더 이상 매춘놀이를 하고 싶지 않았다. 그러나 자신의 재산을 소비하고 낭비하여 손에 아무것도 없었다. 밤이나 낮이나 자신이 (그의) 친구라고 하며 아들의 주위에 모여 들어 그의 재산과 소유물을 마구 썼다. 한번은, 상인의 아들은 양 한 마리를 죽여 갤림5)에 꽁꽁 싸서 바로 그 친구들 중 한 친구의 집으로 향했다 그리고 한밤중 대문을 두들겼다. 그리고 친구는 문을 열었을 때, 겁에 질린 상인의 아들을 보고 물었다:

"무슨 일이야?"

상인의 아들은 말했다:

"오늘 화가 나서 실수로 이 남자를 (내) 단도로 찔러 죽였어. 너의 집에 숨기려고 가지고 왔어."

친구는 말했다:

"나 그런 일 못해. 그리고 (절대로) 집에 죽은 자(시체)를 둘 수는 없어."

상인의 자식은 할 수 없이 어깨에 멘 짐 가방을 가지고 집으로 왔다. 그러나 아직 얼마 지나지 않아 감옥의 간수와 야경꾼들이 아들을 감옥으로 끌고 가기 위해 (그의) 집 주위를 에워쌌다. 그(젊은이)는 갤림을 열어 양의 사체를 보여 주었다. 그리고 그런 것들은 자신의 친구를 시험하고 경험하기 위한 것이었다. 이런 상황이 되었을 때 상인의 자식은 자신의 재산을 잃고 모든 것이 바닥이 났다. 모든 외로움과 극도의 가난과 절망적 빈곤으로 자신을 목매달기로 했다. 그렇지만 아버지가 이런 순간에 제안했던 것이 떠올랐다. 가서 아버지가 충고한 대로 사슬로 된 고리에 줄을 걸고 그 끝에 목을 묶어 자신을 걸었다. 그러나 신의 힘으로 줄은 중간에서 끊어졌다. 그리고 상인의 자식은 땅으로 떨어졌다. 작은 고리 옆에서 석회판이 패였다. 그러면서 금이 가득한 항아리가 천장에서 밑으로 떨어졌다.

상인의 아들은 그 순간 아버지가 자신의 안락을 위해 이와 같은 모든 일을 한 것을 알아차렸다. 그리고 그때부터 집 천장에서 나온 재산을 가지고 장사를 시작했다. 나날이 그의 일상은 좋아졌다. 그러나 전과 달리 결코 방탕한 일이나 쾌락이나 낭비를 하지 않기로 참회했다.

6과 게으름뱅이와 뱀구슬

불운하게도 대머리인 아들을 둔 한 노파가 있었다. 노파는 견줄 수 없는 만큼 게으른 아들 때문에 괴로웠다. 어느 날 노파는 아들의 손바닥에 한 냥의 돈을 쥐어 주고 빵과 할버6)를 조금 사오도록 강제로 집 밖으로 내쫓았다. 게으름뱅이 아들은 할버를 사기 위해 시장으로 갔다. 그러나 가던 도중에 고양이를 몹시 때리는 남자를 만났다. 고양이가 (그의) 우유를 반은 먹고, 반은 쏟았다고 욕을 퍼부었다. 아들은 고양이가 가여웠다. 그래서 고양이를 열 냥을 주고 사서 풀어주었다. 그리고 나서 남은 돈으로는 빵 만 살 수 있겠구나하고 생각했다. 빵집을 향해 갔다. 그러나 거의 다 닿았을 무렵, 뱀 한 마리를 죽이고 있는 (중인) 한 남자를 만났다. 뱀이 남자의 앵무새를 문 것을 알았다. 대머리 아들은 나머지 돈을 주고 뱀을 풀어 주었다.

대머리 아들은 힘없이 집으로 돌아가던 중 어느 누군가 휘파람을 불고 있는 것을 보았다. 돌아가 보니 뱀이었다. 뱀이 말했다:

"날 죽음에서 구해 주었지, 네게 소원이 이루어지는 구슬을 주마. 소원이 있을 때마다 두 눈을 감고 구슬을 쓰다듬으며 소원을 말해. 그런데 절대로 그 비밀을 누구에게 말해선 안 돼."

대머리 아들은 기뻐하며 집으로 돌아왔다. 그러나 문을 두들기기 전에 마당 한 구석에 숨어 말했다:

"한 번 시험해 보는 것도 나쁘진 않겠지."

구슬을 쓰다듬고, 두 눈을 감고 말했다:

"아! 빵과 할버를."

그리고 두 눈을 뜨자 따뜻한 빵과 신선한 할버가 손에 있었다.

대머리 아들과 늙은 어머니는 빵과 할버를 먹었다. 대머리는 몇 번인가 트림을 하고나서 큰 소리로 말하기 시작했다:

"엄마, 내일 일어나서 새 옷을 입고 왕궁으로 가는 거예요. 그리고 공주님에게 청혼을 하세요!"

늙은 엄마는 말했다:

"애야, 아들아! 너 돌았니?!"

____

5) 손으로 짠 양탄자.

6) 이란음식.

대머리 아들은 말했다:
"내가 말한 대로 그대로 예요."
다음 날이 되어 늙은 엄마는 길을 나서 왕궁으로 갔다.
그 날은 백성을 만나는 날이었다. 할머니를 (왕 앞으로) 데리고 갔다. 늙은 엄마는 너무 부끄럽고 두려워 떨면서 공주님을 게으름뱅이 대머리 아들에게 달라고 청혼했다. 왕은 궁전의 유리창들이 모두 흔들릴 정도로 웃었다. 그러고 나서 유리가 모두 깨뜨릴 정도로 크게 고함을 질렀다. 그곳에서 모든 이야기를 들은 공주는 말했다:
"아버지, 그렇게 화낼 일이 아니에요. 그가 해 내지 못할 조건을 다세요."
왕은 공주의 의견을 받아들여 늙은 엄마에게 말했다:
"아들에게 전하게. 만일 내 딸과 결혼하기를 원한다면 산에 있는 내 양과 소들의 젖이 시내를 통해 궁전까지 흘러 내려오게 하라고."
불안하고 두려워진 늙은 엄마는 집으로 돌아와서 아들에게 그 이야기를 꺼냈다. 대머리 아들은 구석으로 가서 뱀이 준 구슬을 손에 들고 두 눈을 감고 소원을 빌었다. 다음 날 아침 양과 염소의 젖이 산 위에서 궁전까지 흘러 내려온다고 소문이 자자했다.
대머리 아들은 왕과 공주와의 청혼을 정식으로 의논하라고 엄마를 다시 보냈다. 왕은 이번에도 조건을 걸었다. (만약 공주를 아내로 받아들이고 싶으면)자신의 궁전보다 크고 훌륭한 궁전을 짓는데 바로 자신의 궁 앞에 있어야 한다고 했다. 불안하고 두려운 늙은 엄마는 집으로 돌아와 말했다:
"네가 무슨 난처한 일을 벌여 날 곤란하게 하는지 알았지. 임금님이 말하길 네가 만일 그 일을 할 수 없으면 네 목을 없애 버린다고 하시더라."
대머리 아들은 말했다:
"어머니, 어떻게 해야 하는지 아니까 걱정하지 마세요!"
아침이 되었다. 그러나 왕의 궁전은 아직 어두웠다. 창문을 열자, 어머! 거대한 궁전! 왕의 궁전은 빛도 내지 못할 만큼 높게 세워진 훌륭한 궁전이 햇살을 가로 막고 있었다! 왕은 말했다:
"이제 더 이상 대머리 아들을 막을 길이 없구나!"
그러나 이런 상황을 통해 대머리 아들을 알게 된 공주는 아들이 싫지는 않았지만 세 번째 조건을 걸었다. 그 조건이란 결혼 비용으로 쓸 금과 보석을 실은 40마리 낙타를 가져 오라는 것이었다.
대머리 아들은 이 조건도 무난히 해결해 공주와 결혼을 했다. 그러나 얼마가 지난 어느 날, 뱀이 준 구슬 이야기를 아내인 공주에게 들려주었다. 바로 누설하자마자, 훌륭했던 궁전은 땅으로 사라졌다. 공주도 없어졌다. 공주가 일곱 개 산과 일곱 개 바다 먼 궁전에 있는 잘 생긴 왕자와 결혼을 하도록 소원을 빈 것이 분명했다.
게으른 대머리 아들은 다시 불행하고 역경을 맞게 되었다. 의기소침하고 낙담하여 앉아 있는데 그의 곁에서 서서 야옹야옹하는 고양이를 보게 되었다. 바로 그가 열 냥에 사서 풀어주었고 궁전과 함께 사라졌던 그 고양이였다. 고양이는 (입으로부터) 토해 구슬을 뱉어 내었다. 대머리 아들은 그것을 들고 다시 빌었다 그러자 아내와 궁전이 돌아왔다.

7과 구두쇠와 금그릇

재산 모으기에 많은 흥미를 가지고 있는 구두쇠는 손에 들어오는 것은 모두 도둑들에게 약탈을 당하기 때문에 땅 밑에 숨겨 놓곤 했다. 어느 날 아주 비싼 값을 주고 순금으로 된 예쁜 그릇을 샀다. 그 그릇도 땅 밑에 숨겨 놓았다. 그리고 그 장소를 외동아들에게 조차 알려 주지 않았다.
남자는 돈을 너무 좋아해서 (자신의) 아내와 자식을 힘들고 빈곤한 상태로 두곤 했다 그리고 겨우 연명할 정도의 음식을 (그들에게) 주었다. 그리고 (그들의 옷을 위한)가장 낮은 질의 옷감을 사곤 했다.
갑자기 구두쇠(남자)는 심한 병에 걸려 드러눕게 되었다. (그의) 아내와 자식이 의사를 불러 병을 치료하자고 아무리 고집을 부려도 그는 왕진료 이외에 약을 사기 위한 어느 정도의 돈을 지불해야 한다는 것을 알고 있었기 때문이었다. 그는 말했다:
"내 건강은 괜찮다. 그러니 의사가 올 필요는 없어."
그러나 나날이 건강은 나빠져 마침내 보물이 묻혀있는 장소에 대한 것을 아무에게도 알리지 못하고 병으로 죽고 말았다.

구두쇠가 죽고 일 년이 지났을 때, 아내와 외동아들은 가난하고 불쌍하게 되었다. 어느 날 밤 아들은 아버지가 쥐가 되어 마당 한 구석으로 가 땅을 파고 있는 꿈을 꾸었다.

아들은 몹시 놀라 아버지에게 물었다:

"아버지, 왜 이런 모양이 되었어요, 그리고 왜 이곳을 파세요?!"

아버지는 대답했다:

"아들아(애야), 나의 모든 금과 고가의 물건들을 이곳에 숨겨 두었는데 너와 네 엄마에게 이것에 관해 아무 말도 하지 않고 세상을 떠났구나. 지금 여기에 들러 누가 훔쳐 갔는지 보고 싶구나."

아들은 말했다:

"(아버지가) 모든 재산을 땅 속에 감춰둔 상황에서 나와 엄마가 어떤 고통과 불행 속에서 사는지 알고 있나요?"

아버지는 말했다:

"나도 바로 그런 이유 때문에 왔단다. 쥐로 변한 내 모습을 벗어나기 위해 네게 숨겨둔 장소를 알려주고 그것을 꺼내서 일부는 가난한 사람들에게 주고, 나머지는 (너와 엄마의) 생활을 회복하라고."

이 말을 들은 아들은 잠이 확 달아났다.

그리고 다음 날 아침, 꿈속에서 본 것을 모두 엄마에게 말하고 엄마와 함께 삽과 곡괭이를 가지고 꿈에서 봤던 바로 그 곳(지점)으로 가서 땅을 파기 시작했다.

조금 땅을 팠을 때, 갑자기 함께 쌓아둔 많은 금과 은과 보석들이 보였다.

아들은 그것들 중 얼마를 팔았고 아버지가 말했던 대로 그대로 실천했다.

며칠이 지난 밤, 다시 아버지를 꿈에서 보았다. 그러나 이번에는 기쁘게 웃는 인간의 모습이었다. 그 모습을 본 아들은 매우 기뻐했다. 그리고 말했다:

"아버지 (이젠) 모습이 바뀌셨네요. 말해 보세요. 마음 역시 편해지셨나요?"

아버지는 말했다:

"그래, 아들아, 내가 말한 대로 네가 했기 때문에, 이 세상의 신께서 내게 편안함과 안락함을 허락하셨단다. 그리고 내 일도 좋아졌고 쥐의 탈에서 벗어나 네가 보듯이 이런 모습이 되었단다."

8과 세 아들의 유산

옛날 옛적 세 아들을 가진 한 남자가 있었다. 그는 일생을 통해 가진 것이라고는 단지 사다리 한 개, 북 한 개, 고양이 한 마리가 전부였다. 그가 죽었을 때 사다리는 큰 아들이, 북은 둘째 아들이, 고양이는 막내아들이 가졌다. 큰 아들은 아버지가 죽은 후 도둑질을 할 생각만 하고 있었다. 어느 날, 사다리를 들고 허지네 집 담에 걸쳐 놓고 뭔가 새로운 것을 살피기 위해 사다리를 타고 올라갔을 때, 아내에게 이렇게 말하고 있는 허지의 소리를 들었다:

"아무개와 거래를 성사시키러 갈 거요. 만일 나와 그의 거래가 이루어지면 사람을 보낼 테니 그에게 돈 상자를 주어요."

이런 말을 하고 집을 나섰다. 허지네 집으로 가서 도둑질을 하길 원했던 큰 아들은 허지가 하는 모든 말을 듣고 살그머니 사다리를 들고 자기 집에 놓고 돌아가서 허지네 집 문을 두들겼다.

허지 아내가 물었다:

"누구요?"

아들은 말했다:

"허지(씨)가 돈 상자를 가져오라고 절 보냈어요."

허지 아내도 허지가 그를 보냈다고 생각했다. 돈 상자를 그에게 주었다. 아들은 역시 기쁘게 돈 상자를 받아가지고 갔다. 허지가 집에 돌아왔을 때 아내는 물었다:

"당신 아무개와의 거래 어떻게 됐어요?"

허지는 말했다:

"못했어, 우리 거래가 성사되질 않았어."

아내는 말했다:

"그럼 무엇을 하려고 돈을 가져갔어요?"
허지는 말했다:
"돈이 어디 있단 말이요?"
아내는 말했다:
"당신, 돈을 가져오라고 청년을 보내지 않았단 말이에요?"
허지는 말했다:
"난 아무도 보내지 않았는데!"
그리하여 허지는 자신의 돈을 찾지 못했고, 허지의 돈을 가진 큰 아들은 부자가 되었다.
큰 아들이 사다리로 스스로 돈을 얻을 것을 본 둘째 아들도 북을 가지고 길을 나섰다. 밤이 되었을 때 한 낡은 여인숙에서 잠을 잤다. 아직 잠이 들지 않았을 때 몇 마리의 늑대가 여인숙 안으로 들어왔다. 그는 늑대들이 무서워서 몸을 이리저리 움직이다가 그만 북소리가 나게 했다. 늑대들은 북소리가 무서워서 도망치는 사이 여인숙으로 더 들어가게 되고 여인숙의 문은 닫혔다. 늑대들이 북소리를 무서워하는 것을 안 아들은 기뻤다. 그래서 북을 들고 치기 시작했다. 늑대들은 무서워서 계속 몸을 문과 벽에 부딪히고 있었다. 바로 그 밤 그 순간, 한 상인이 그곳을 지나가고 있던 중 이었다. 여인숙 안에서 큰 소리가 나는 것을 알았다. 상인이 여인숙의 문을 열자마자 늑대들은 밖으로 나와 도망갔다. 북을 치던 남자는 상인이 문을 열어 늑대들이 밖으로 나간 것을 알았을 때 앞으로 다가가 멱살을 잡고 말했다:
"왜 늑대들이 도망가게 여인숙 문을 열었소? 임금님이 이 늑대들에게 춤을 가르치라고 내게 주었는데. 이제 난 어떻게 하란 말이요? 내가 가서 늑대들을 잡으러(모으러) 가면 비용이 아주 많이 든단 말이요. 이제 내가 본 손해를 주든지 아니면 임금님한테 가서 당신 때문이라고 불평하러 가야만 하오."
상인은 임금님한테 가서 자기 때문이라고 불평하러 가지 않도록 많은 돈을 그에게 주고 갔다. 그도 이러한 방법으로 부자가 되었다.
남은 것은 막내아들 이었다. 막내아들은 두 형이 사다리와 북을 가지고 간 것을 알고 자신도 고양이를 가지고 마을을 나섰다. 어느 곳에 갔을 때, 몇 걸음마다 손에 막대기를 든 사람들이 서 있는 것을 보았다. 그들에게 물었다:
"왜 막대기를 손에 든 사람들이 몇 걸음마다 서 있나요?"
그들은 대답했다:
"이 나라에는 쥐가 많다네. 쥐 때문에 우리들은 편안하질 않아. 바로 이런 이유로 쥐들이 사람들에게 해를 끼치지 못하도록 손에 막대기를 들고 몇 걸음 걸러 서 있는 거요."
그는 말했다:
"여러분은 오늘밤 쥐 걱정은 마세요. 제가 알아요, 쥐를."
그들은 모두 들고 있던 막대기를 놓고 갔다. 막대기가 손에서 떨어지자마자 아주 많은 쥐들이 모여들었다. 그는 즉시 고양이를 자신의 겉옷아래로부터 꺼냈다. 고양이는 쥐들 사이로 들어가 몇 마리를 먹고, 몇 마리는 질식시켰다. 나머지는 도망갔다. 다음날 이 소식은 임금님에게 알려졌다. 임금님은 소식을 들었을 때, 그를 불렀다. 그리고 고양이를 비싼 값으로 샀다. 그는 돈을 가지고 자신의 마을로 돌아갔다.
세 아들은 각각의 일로 부자가 되었다.
그러나 고양이는 어떻게 하고 있는지 봅시다. 어느 날 고양이가 따뜻한 햇살 속에 자고 있는데 한 하녀가 고양이 앞을 지나다 그만 꼬리를 밟았다. 고양이는 팔짝 뛰어 그녀의 손을 할퀴었다. (신하들은) 임금님에게 고양이가 취하도록 먹고 임금님의 아무개 시녀에게 나쁜 마음을 가지고 있다고 전했다. 임금님은 고양이를 데리고 가서 바다에 던져 버리라고 명령을 내렸다. 한 사람이 고양이를 말 앞에 세우고 바다에 던지려고 끌고 갔다. 가서 고양이를 바다 속으로 던지려고 할 때 고양이는 말안장을 움켜쥐었다. 남자는 고양이를 잡아 다시 바다에 던지려고 했다. 그러나 남자 자신이 바다에 머리를 박고 빠지고 말았다. 고양이는 말안장위에 올라탄 채로 집으로 돌아왔다. 사람들은 고양이가 말 위에 있는 것을 보자 고양이가 무서워 살던 마을 밖으로 도망쳤다. 고양이는 홀로 나라에 남았다. 몇 년이 지나 그곳 사람들은 고양이가 갔으면 마을로 돌아오려고 고양이가 있는지 보라고 한 두 사람을 보냈다. 두 사람은 염소만한 고양이가 햇살 속에 자면서 수염을 쓰다듬고 있는 것을 보았다. 둘은 도망쳤다. 그리고 사람들에게 고양이가 햇살 속에 자는데 몹시 기분이 나빠 만일 너희들이 내게 오면 어떻게 할지

난 알지라고 말하더라고 전했다. 그리하여 사람들은 모두 더 이상 자신의 마을로 돌아갈 것을 그만두고 가버렸다.

9과 아름다운 아가씨

(어느) 옛날. 한 마을에 몇 가구가 행복하고 즐겁게 살고 있었다. 우리들은 가구들 중에 한 가족을 택해 그 가족의 삶을 설명해 보기로 한다.
가족은 오로지 한 자식을 두었는데 그것도 딸이었다. 남편이 없는(죽은) 이웃집 여자는 딸과 친구가 되었다. 어느 날 딸에게 이렇게 말할 정도에 이르렀다:
"가서 네 엄마에게 말해 못 바닥의 식초를 내가 원한다고."
딸은 가서 엄마에게 말했다. 엄마는 말했다:
"애야! 네가 말한 것(원하는 것)은 없는 거야(존재하질 않는단다)."
딸은 이웃집 여자한테 가서 말했다:
"우리 엄마가 그러는데 그것은 없는 거래요."
이웃집 여자는 말했다:
"다시 가서 말해!"
이리하여, 얼마나 어린 딸에게 말을 하고 또 말했는지 어느 날 엄마는 화가 나서 몸을 스스로 우물(웅덩이)에 던져 이 세상을 떠나버렸다.
엄마가 죽은 후, 이웃집 여자는 딸에게 말했다:
"아버지에게 나와 결혼하라고 말해."
딸은 (여자가)하라는 대로 했다 그리고 어린 딸의 아버지는 그녀와 결혼을 했다. 얼마 지나, 여자는 딸을 낳았다. 우리 이야기 속의 어린 딸은 매일 들로 나가곤 했다 그리고 양들에게 풀을 먹이고 양들은 일이 없을 때 실을 잣는 목화를 딸에게 주곤 했다.
목화를 짜던 어느 날, 목화가 딸의 손에서 빠졌다. 그만 바로 그 근처에 있는 웅덩이 안으로 곧장 들어가 버렸다. 어린 딸은 계모가 무서워 목화를 꺼내기 위해 웅덩이 안으로 들어갔다. 한 마귀와 마주치게 되었다. 그녀는 인사를 했다. 마귀는 말했다:
"네가 만일 인사를 하지 않았더라면 널 잡아먹었을 거야; 자 와서 내 방을 엉망진창으로 뒤섞어라!"
어린 딸은 마귀의 방을 오히려 정리를 하고 깨끗하게 했다; 그러고 나자 (마귀는) 말했다:
"방의 화덕을 부서 버려!"
어린 딸은 화덕을 오히려 잘 만들어 놓았다; 그러고 나자 (마귀는)말했다;
"금들을 마구 뿌려 버려!"
그러자 딸은 금들을 모아 손에 쥐고 있었던 대로 했다. 마귀가 말했다:
"이 시내 위를 세 번 뛰어 봐!"
마귀는 어린 딸이 금(들)을 가졌는지 아닌지 시험해 보고 싶었던 것이었다.
어린 딸은 마귀에게 말했다:
"이제 제가 갈 수 있도록 목화(들)를 줘요."
마귀는 목화(들)를 그녀에게 주며 말했다:
"가!"
어린 딸은 갔다; 그녀가 가고 있는데 마귀는 이렇게 계속 말했다:
"네가 웅덩이 위에 닿으면 네 이마 위에 달이 아름답게 빛을 낼게다7)"
웅덩이 위에 닿자, 말한 대로 그렇게 되었다. 그녀는 이마 위를 손수건으로 묶었다. 그리고 양 무리를 집으로 끌고 갔다. 얼마 지나지 않아 계모(아빠의 아내)는 이마 위의 달이 있는 것을 알아차렸다8). 드디어 알게 되어 어린 딸은 자초지종을 계모에게 설명했다. 자기 딸의 이마 위에 달이 있기를 원했던 계모(아빠의 부인)는 자신의 딸에게 목화를 조금 주며 말했다:

---

7) 직역을 하면, '네 이마 위의 달은 푸르게 될 것이다'이다.
8) 아빠의 부인은 이마 위의 달이 있는 것을 이해하는데 시간이 얼마 지나지 않았다 즉, 얼마 지나지 않아 곧 알아차렸다라는 의미임.

"언니9)와 함께 가서 언니를 도와줘라. 목화를 실로 짜!"
딸과 의붓 여동생10)은 들로 나갔다. (그들은) 양무리에게 풀도 뜯게 했고 목화를 잣고 있었다. 계모의 딸의 목화는 언니의 목화가 빠졌던 바로 그 웅덩이 속으로 빠졌다. 딸은 목화를 가지러 웅덩이 안으로 들어갔다. 그 때 한 마귀와 부딪혔다. 계모의 딸은 인사를 하지 않았다. 마귀는 매우 화가 나서 말했다:
"여긴 왜 왔니?"
(그녀는) 말했다:
"내 목화를 가지러 왔지."
마귀는 말했다:
"널 잡아먹고 싶었는데 그렇게 하지 않겠어. 자 와서 내 방을 엉망진창으로 뒤섞어!"
계모의 딸은 마귀의 방을 마구 뒤엉켜 놓았다. 그러고 나자 (마귀는) 말했다:
"방의 화덕을 부셔라!"
계모의 딸은 화덕을 부서 버렸다. 그러고 나자 (마귀는) 말했다:
"금들을 뿌려!"
그녀는 금들을 뿌렸다. 그리고 금들 중에 어느 정도를 주머니에 넣었다. 마귀는 말했다:
"자 이제 시내 위를 세 번 뛰어 봐!"
계모의 딸은 그렇게 했다. 그러자 뛰는 순간, 주머니 안에 넣어 두었던 금들이 물 안으로 떨어졌다. 마귀는 이런 장면을 보고 화가 났다. 그러나 아무 말도 하지 않았다. 그리고 목화를 그녀에게 주었다. 웅덩이를 나와 집으로 갔다. 돌아가 계모가 딸을 보자 계모는 큰 소리를 질렀다! 놀랄 일은 (계모의 딸) 이마에는 달 대신 (남성의) 생...가 나와 있었던 것이다!
어느 날 예뻐진 딸은 시내 곁에 앉아 물을 마시려고 했다. 그곳을 지나던 왕자가 그녀를 보자 호감을 갖게 되었다. 왕자는 아버지에게 말했다:
"아버님, 저는 이마에 달이 있는 아가씨를 원해요."
왕은 말했다:
"그런 아가씨는 존재하지 않는다!"
얼마가 지나, 공주님의 결혼식이 되었다. 딸도 들에서 양들에게 풀을 먹이고 있었다. 그런데 안장을 갖춘 말 한 필과 아름답고 좋은 옷들이 딸의 눈앞에 나타났다. 딸은 옷을 입고 말에 탔다. 그리고는 공주님의 결혼식장으로 갔다. 사람들은 그녀에게 물었다:
"어디서 왔니11)?"
그녀는 말했다:
"동에서 왔는데 서로 갈 거예요."
파티가 끝났다. 딸은 말을 타고 그곳을 떠났다. 강을 지나갔다. 왕자는 그녀를 따라 오고 있었다. 딸은 지나가던 강물에 그만 신발 한 짝을 빠뜨렸다. 왕자는 신발을 찾아냈다. 강 저편에 닿은 딸은 옷을 바꿔 입고 양들의 무리로 갔다.
왕자는 신발 한 짝을 신켜, 신발이 맞는 아가씨를 바로 궁으로 데리고 오라고 명을 내렸다. 어느 아가씨의 발에도 맞지 않았다. 왕자는 말했다:
"다른 사람은 없소."
사람들은 말했다:
"다만 다른 한 아가씨가 있는데 들에서 양들에게 풀을 먹이고 있답니다."
(신하들은)신발을 그녀에게 신켜 보았다. 왕자는 그녀를 아내로 맞았다. 결혼식 날이 되었다. (아빠의 아내)계모는, 자신의 딸을 딸 대신에 결혼식 의자에 앉혔다. 궁전으로 신부를 데리고 가려고 했을 때 담장 위의 수탉 한 마리가 울기 시작했다:
"생... 달린 아가씨는 여인들 사이에 있네   예쁜 아가씨는 화덕 아래에 (있네)"
왕자는 속았다는 것을 알아차렸다. 딸을 화덕 안에서 데리고 나와 궁전으로 데리고 갔다. 그리고 계모

---

9) 이 부분부터 '이마에 달이 있는'으로 부른다. 즉, 주인공 딸을 지칭함.
10) 직역을 하면, '의붓 자매'임.
11) 직역을 하면 '어디 출신이니?'임.

와 그녀의 딸을 밖으로 쫓아 버렸다.

10과 젊음의 비결

젊은이가 노인을 만났다. 젊은이의 생각에 노인이 경험이 많은 것 같아 앞으로 다가가 그를 붙잡고 질문을 하길 원했다. 인사와 안부를 묻고 나서, 젊은이가 묻고 싶은 것을 노인에게 말했다. 노인은 말했다:
"오 젊은이, 난 그것을 알 나이가 아니오. 자네가 묻는 질문의 대답을 모르오. 가서 이 질문의 대답을 아무 곳에 사는 내 형에게 묻게."
젊은 남자는 길을 나서서 형에게 닿을 때까지 갔다. 형을 보았을 때 (젊은이는)놀랐다. 왜냐면 이 남자는 첫 번째(남자)보다 매우 젊었다. 그렇지만 노인이 말하기를, 형은 나보다 나이가 많다고 했기 때문이었다. 어쨌든 젊은이는 앞으로 다가가 자신의 질문을 말하길 원했다. 남자는 말했다:
"오 젊은이 난 자네가 질문하는 답을 모르네. 나보다 나이가 많고 아무 곳에 살고 있는 내 형한테 가 묻게."
젊은이는 가고 또 갔다. 알려 준대로 세 번째 남자에게 가 다시 놀랐다. 왜냐면 이 남자는 전의 두 남자들보다 심지어 젊은이 자신보다도 젊었기 때문이었다. 앞으로 다가갔다.
인사를 하고 말했다:
"저는 당신께 한 가지 질문이 있습니다."
웃는 얼굴로 남자는 말했다:
"어서 말해 보세요."
남자는 한 남자가 다른 남자보다 나이가 많지만 젊었던 두 형제에 대한 이야기를 설명했다. 그리고 그만 자신의 질문은 잊어버렸다. 웃는 얼굴을 한 남자는 말했다:
"그렇소. 난 그들 두 사람보다 나이가 많아요. 그러나 당신은 가장 막내 동생이 왜 나와 둘 째 동생보다 늙었는지 놀라고 있는 거지요?"
젊은이는 말했다:
"네 바로 그것입니다."
남자는, 젊은이를 자신의 집으로 초대했다. 그리고 말했다:
"이런 사정의 원인을 자네에게 말해 줄 테니 기다리게."
젊은이는 그러마고 했다. 밤에, 겉으로는 가장 (두 사람보다) 젊은 큰 형의 집으로 갔다. 둘이 앉았을 때, 남자는 아내에게 말했다:
"수박 한 통 먹게 내 오시게."
아내는 가서 수박 한 통을 가지고 왔다. 아내가 수박을 자르려고 하자, 남자는 말했다:
"수박이 좋지 않은데 가서 다른 것을 내 오게."
아내는 가서 수박 한 통을 가지고 돌아왔다. 행복한 남자는 그의 아내가 순종하는 정도를 젊은이에게 보여 주기를 원하고 있었다. 그리고 동시에 그는 집에 수박이 한 통 밖에 없는 것을 알고 있었지만, 자신의 아내를 40번이나 보냈다. 아내 역시 웃는 얼굴로 수박을 가지고 갔다가 바로 그것을 다시 가지고 온 것이었다.
남자는 젊은이에게 말했다:
"일어나게. 다른 동생 집으로 가세."
남자는 일어나 둘은 가운데 동생의 집으로 갔다. 그들이 앉았을 때 남자는 아내에게 말했다:
"일어나서 수박 한 통 먹게 가져 와."
아내는 가서 수박 한 통을 가져 왔다. 남자는 아내에게 말했다:
"수박이 좋지 않은데 가서 바꿔."
아내는 두세 번 수박을 바꿔 왔다 하지만 네 번째는 화가 나서 말했다:
"더 이상 수박은 없어요. 내가 가져온 게 다 예요."
(그러나) 한 방 가득 수박을 가지고 있었다. 그러고 나서 셋은 일어나 함께 가장 늙은 막내 동생의 집

으로 갔다. 노인은 아내에게 말했다:
"수박 한 통 가져 와."
아내는 가서 수박 한 통을 가지고 왔다.
"이것 바꿔."
남편이 이런 말을 하자마자[12],
아내는 말했다:
"바로 이것 뿐 인데, 원하면 먹고 원치 않으면 먹지 마라요."
세 형제는 젊은이를 쳐다보며 말했다:
"이제 우리들이 늙고 젊은 이유를 깨달았는가?"

11과 잠쉬드 왕자 이야기

옛날 옛적 신 이외에 아무도 없던 때이었다. 압버스 왕은 모함마드, 아흐마드, 잠쉬드라는 이름을 가진 세 아들을 두고 있었다. 궁전 마당에는 매년 사과 한 알이 열리는 사과나무 한 그루가 있었다. 사과를 먹는 사람은 영원한 젊음을 유지할 수 있는 효능이 있었다. 그러나 불행하게도 이 사과는 왕의 몫이라 거나 가족 중의 어느 한 사람의 몫이 되지 못했다. 왜냐면 매년 마귀가 적시에 와서 사과를 가지고 가 곤 했기 때문이다.
일 년 내내 왕은 모함마드 왕자에게 사과나무를 반드시 지키라고 말했다. 모하마드 왕자는 나무 아래 로 가 잠이 들었다. 한밤중에 마귀가 와서 모함마드 왕자가 알지 못하게 사과를 가지고 갔다. 아침이 되어 잠에서 깨어 보니 이미 일이 벌어졌고 사과는 사라지고 없었다.
일 년이 지나, 다시 나무는 사과 한 알을 맺었다. 이번에 왕은 아흐마드 왕자에게 사과를 지키라는 명 을 했다. 그러나 아흐마드 왕자도 형처럼 잠이 들어 사과는 마귀의 것이 되었다.
아침에 잠이 깨어 왕자는 몹시 뉘우치며 아버지한테 가 용서를 빌었다.
또 일 년이 지나, 다시 나무에는 다른 사과가 열렸다. 이번에는 잠쉬드 왕자가 지키라는 명을 받았다. 밤이 될 무렵부터 왕자는 잠이 들지 않도록 손가락을 베어 그곳에 소금을 뿌리고 긴 칼을 준비해 놓 았다. 한밤중, 마귀의 손은 사과를 향하고 가지고 가려고 마귀의 머리가 나타났다. 왕자는 긴 칼을 휘 둘러 상처를 내자 마귀는 도망쳤다. 왕자는 마귀를 쫓아 갔다. 마귀는 손의 피를 흘리는 상태로 갔다. 왕자는 마귀가 어느 지하[13] 입구에 닿을 때까지 피를 표시로 삼아 따라갔다.
왕자는 궁으로 돌아가 아버지와 형들에게 상황을 말했다. 아버지는 지하로 들어가 마귀를 죽이라고 형 들과 함께 보냈다. 왕자는 형들과 핏방울을 따라 웅덩이에 닿을 때까지 갔다. 우선 허리에 밧줄을 매 어 아흐마드 왕자를 지하 안으로 내려 보냈다. 아직 반도 내려가지 않았는데 말했다:
"뜨거워. 뜨거워. 끌어당겨."
그를 끌어 올렸다. 잠쉬드 왕자는 내가 아무리 '뜨거워'라고 소리를 질러도 끌어당기지 말라고 말했다. 형들은 신께 기원했다. 밧줄을 허리에 묶었다. 그리고 지하국 안으로 넣었다. 반쯤 내려가서 잠쉬드 왕 자는 '뜨거워, 뜨거워'라고 소리를 질러도 형들은 끌어당기지 않았다, 결코. 형들은 밧줄을 끊어 (그는) 지하로 떨어졌다. 잠쉬드 왕자는 일어났다. 빛 속에서 방이 보였다. 안으로 들어가 보니 아름다운 한 아가씨가 앉아있고, 그녀의 무릎을 벤 마귀가 깊은 잠에 빠져 있었다. 왕자가 들어가자 아가씨는 그에 게 어서 밖으로 나가라고 하며 자신의 청춘에 자비를 베풀라고 하며 마귀가 당신을 죽일 거라고 말했 다. 잠쉬드 왕자는 빨리 마귀의 생명이 담긴 유리병을 알려 달라고 했다. 아가씨는 유리병을 알려 주 었다. 왕자는 유리병을 들고 바닥에 내려쳤다. 마귀는 죽었다. 잠쉬드 왕자는 그곳에서 다른 방으로 갔 다. 그곳에도 첫 번째 아가씨보다 더 아름다운 아가씨가 앉아 있고, 그녀의 무릎을 마귀가 베고 누워 있었다. 그 아가씨도 잠쉬드 왕자를 보자 빨리 돌아가라, 마귀는 당신의 피에 굶주려 있고, 당신이 마 귀의 형에게 상처를 내어 당신에게 자비를 베풀지 않을 것이라고 말했다.
잠쉬드 왕자는 말했다:

____

12) 의미상 문장의 순서를 바꾸었음.
13) 이 설화의 유형은 아르네 톰슨 유형번호 302에 해당하는 세계적으로 유명한 '지하국 대적담'에 속하기 때문 에 이야기의 진행을 위해 이후부터 '지하. 지하국. 웅덩이'를 혼용하여 사용함.

“어서, 마귀의 생명이 담긴 유리병을 알려 주시오.”
아가씨는 알려 주었다. 왕자는 그것을 들고 바닥에 내려치자 마귀도 죽었다. 다른 방으로 갔다. 그곳에
도 아주 아주 아름다운 아가씨가 앉아 있고, 상처를 입은 마귀의 머리가 그녀의 무릎에 있는 것을 보
았다. 마귀는 잠쉬드 왕자를 보자 말했다:
“잠쉬드 왕자, 왜 자신을 가엾게 생각하지 않지?”
잠쉬드 왕자는 말했다:
“그런 말은 이미 지나간 것.”
마귀의 발을 단도로 그었다. 마귀는 아가씨에게 말했다:
“파렴치한 사기꾼 왜 파리들을 쫓지 않니?”
아가씨는 잠쉬드 왕자에게 살그머니 마귀의 생명이 담긴 유리병을 알려 주었다. 잠쉬드 왕자는 그것
을 들고 바닥에 내려쳤다. 이 마귀도 죽었다. 그러고 나서 아가씨들을 데리고 지하 웅덩이 입구아래까
지 끌고 가서 형들을 불러 끌어 올리라고 말했다. 큰 아가씨를 묶고, 모함마드 왕자에게 이 아가씨는
큰 형의 짝이고, 끌어 올리라고 말했다. 가운데 아가씨를 묶고, 아흐마드 왕자에게 이 아가씨는 역시
둘째 형의 짝이고, 끌어 올리라고 말했다. 막내 아가씨를 묶으려고 했다. 아가씨는 말했다:
“잠쉬드 왕자님, 안돼요. 당신이 먼저 가세요.”
아가씨가 아무리 애원해도 잠쉬드 왕자는 받아들이지 않았다. 밧줄을 허리에 묶었다. 그리고 아가씨는
나의 짝이니, 끌어 올리라고 형들에게 말했다. 그녀를 위로 끌어 올렸다. 그러고 나서 잠쉬드 왕자가
밧줄을 허리에 묶었다. 형들은 중간까지 끌어 오리더니 밧줄을 끊어버렸다. 그리하여 잠쉬드 왕자는
지하 바닥에 떨어졌다. 모함마드 왕자와 아흐마드 왕자는 아가씨들을 데리고 아버지의 궁전으로 돌아
갔다. 그리고 우리들이 마귀들을 죽이고 아가씨들을 데리고 왔다고 말했다. 아버지는 잠쉬드 왕자에
대해 물었다. 그에게는 소식이 없었다고 말했다.
그러나 (여러분) 잠쉬드 왕자에 대하여 들어보세요.
그는 아버지한테 가는 것은 희망이 없어졌기 때문에 자리에서 일어나 방들을 하나하나 구경하기 위해
갔다. 모든 종류의 기구들이 있는데 그것들 중 단지 금으로 된 암탉과 수탉과 병아리 12마리가 금 쟁
반 위에 놓여 있는 것을 보고 놀랐다. 다른 방에는 백마와 하얀 옷 한 벌이 있었다. 잠쉬드 왕자는 그
것들에 손을 대지 않고 어느 날인가 필요할 지도 모른다고 생각했다. 다른 방에는 값이 많이 나가는
물건들이 있었다. 잠쉬드 왕자는 날카로운 장검 하나 만을 가지고 그것을 허리에 차고, 밖으로 가 들
에 닿을 때까지 얼마를 갔다. 어느 한 마을에 닿았다. 그곳 사람들은 목이 말라 신음을 하여 그는 물
었다:
“어떻게 된 일이에요?”
‘샘물 안에 용이 살고 있어서 물을 쓸 수 없다오. 물이 필요할 때는 용에게 젊은이를 데려가면 먹으면
서 꼬리를 든다오. 물은 흙으로 얼룩지지. 그래도 우린 물을 푼다오. 이렇게 한 것이 수년이 되었다오’
라고 말해 주었다. 잠쉬드 왕자는, ‘이번에는 저를 용에게 데리고 가면 용을 죽이겠어요’라고 말했다.
그들은 수락했다. 그리고 용에게 데려다 주었다. 용은 그를 보자 잡아먹으려고 긴 숨을 쉬었다. 잠쉬드
왕자는 양손에 장검을 들고 용의 입을 향해 손을 폈다. 장검은 용의 입 양편을 잘라 두 동강을 내었
다. 개울의 물이 가득 차고 도시로 흘렀다. 사람들은 기뻐했다. 그리고 잠쉬드 왕자를 공손하게 궁전으
로 데리고 갔다. 왕은 그를 매우 사랑스럽게 대했다. 그리고 ‘우리를 용의 손에서 구해 주었기 때문에
내 딸을 그대에게 줄 것이고 나의 후계자로 할 테니 이곳에 있으시오’라고 했다. 잠쉬드 왕자는 말했
다:
“전 아버지, 어머니에게 가야만 합니다. 만일 할 수 있으시다면 절 저의 나라로 보내주십시오.”
‘자네를 데려다 줄 수 있는 것은 불사조 이외에는 아무도 없다오’라고 왕은 말했다. 잠쉬드 왕자가 말
했다:
“불사조가 있는 곳을 알려 주세요.”
왕은 말했다:
“불사조는 아무 아무 들에 살고 있다오.”
잠쉬드 왕자는 들로 가는 길을 물어 그곳을 향해 갔다. 갑자기 샘물에 있었던 용과 같은 용 한 마리가
나무 위로 올라가고 있는 중이고, 나무 위에서는 어린 새끼들의 짹짹거리는 것을 보게 되었다. 그는

장검을 꺼내 용을 두 동강 내었다. 용의 반은 새끼들이 먹으라고 앞에 놓아 주고, 나머지 반은 어미 새를 위해서 다른 쪽에 걸쳐 놓았다. 그리고 나무 아래서 잠을 잤다.

저 편에서 불사조가 왔다. 불사조는 나무 아래서 한 사람이 자고 있는 것을 보고 매년 자신의 새끼를 먹는 자라고 생각했다. 산에서 커다란 돌 판을 가지고 와 잠쉬드 왕자의 머리 위를 향해 던지려고 할 때 새끼들이 소리를 질렀다. 그 남자가 우리 목숨을 구해 주었다고 그만 멈추라고 했다. 그리고 자초지종을 들려주었다. 불사조는 기뻤다. 불사조는 (왕자에게) 가서 깃을 펴고 잠쉬드 왕자 위에 그늘을 만들어 주었다. 한 시간 후 잠쉬드 왕자가 깨어나 눈을 뜨자, 얼굴 앞에는 깃털로 가득한 것을 알고, 자리에서 일어나 앉아 불사조라는 것을 알았다. 불사조가 말했다:

"젊은이, 당신이 내 아이들을 구해주었다고. 자 이제 들어줄 테니 소원을 말해 보게."

잠쉬드 왕자는 말했다:

"아버지와 어머니가 계신 그 세상으로 가고 싶어요."

불사조는 말했다:

"내가 데려다 주겠소. 다만 당신은 일곱 마리 양을 죽이고, 물이 가득 채운 물주머니 일곱 개를 가지고 오게."

잠쉬드 왕자는 왕에게 가서 이런 사정을 말했다. 왕에게 양과 물을 맡겼다. 왕과 그 나라 백성은 잠쉬드 왕자가 떠나는 것을 섭섭해 했다. 그러나 어쩔 도리가 없었다. 그가 원하는 것을 모두 주었다. 그리고 작별인사를 했다. 도시 밖까지 왕자를 환송하려고 나왔다.

잠쉬드 왕자는 불사조의 등에 탔다. 그리고 고기와 물도 함께 실었다. 불사조가 고기를 원할 때마다 양 한 마리씩 입에 넣어 주곤 했다. 그리고 물을 원할 때마다 물주머니를 하나씩 입에 넣어 비웠다. 불사조가 고기를 원한다고 마지막으로 했을 때 고기는 없었다. 잠쉬드 왕자는 자신의 넓적다리의 살을 조금 베어 불사조의 입에 넣어 주었다. 불사조는 고기가 쓴 것을 알고 잠쉬드 왕자의 살이라는 것을 알아차렸다. 그것을 혀 아래 간직해 두었다. 잠쉬드 왕자의 나라 근처에 이르렀을 때 땅에 내려주고 말했다:

"가게."

걸어갈 수 없는 것을 안 불사조는 넓적다리의 살을 붙여 주었다. 그리고 깃털 3개를 주며 자신이 필요할 때는 깃털을 불에 태우라고 말했다. 잠쉬드 왕자는 깃털을 받고 불사조에게 감사했다. 그에게 입맞춤을 하고 불사조도 그에게 작별인사를 했다. 그리고는 자신의 도시로 떠났다.

잠쉬드 왕자는 아버지의 궁전으로 가고 싶지 않았다. 얼마동안 멀리서 형들이 한 일을 입증시키고 싶었다. 이러한 이유로 금은방으로 가서 일꾼이 되었다.

이 일은 여기까지 하기로 합시다. 막내 아가씨를 사랑하게 된 큰 아들인 모함마드 왕자에 관하여 들어 보세요.

왕자는 계속해서 아가씨에게 아내가 되어 달라고 했다. 그녀도 역시 계속 회피하고 핑계를 대고 있었다. 결국에는 핑계도 없고 잠쉬드 왕자도 오지 않자 잠쉬드 왕자가 나왔는지 아닌지 시험을 해 보고 싶었다. 이런 이유로 모함마드 왕자에게, '금으로 된 암탉과 수탉과 병아리 12마리가 앉아 있는 금 쟁반을 가져오는 조건이라면 당신의 아내가 될 준비가 되었어요' 라고 말했다. 모함마드 왕자는 응락했다. 나라 전체의 금은방을 찾아 다녔지만 ,그와 같은 것을 만들 수 있는 사람은 없었다. 마지막으로 잠쉬드 왕자가 일꾼으로 있는 금은방으로 왔다. 금은방 주인도 할 수 없다고 했다. 그러나 잠쉬드 왕자는, '주인님 할 수 있다고 하세요. 나머지 일은 제가 할게요' 라고 말했다. 금은방 주인은 말했다:

"넌 여기 온지 2, 3일 밖에 안됐어. 난 금은 세공사가 된 지 수년이 되었어도 만들 수 없는데 어떻게 만들 수 있니."

잠쉬드 왕자는, 주인님은 '그저 그러마고 하세요. 일도 아니고 나머지는 제가 알아서 할게요'라고 말했다. 주인은 어쩔 수 없이 받아들였다. 그리고 일주일의 여유를 원했다.

잠쉬드 왕자는 밤마다 가게에서 잤다. 이번 일주일에 그것들을 만들어야만 했다. 주인은 걱정이 되어 밤부터 아침까지 문 뒤에 서서 문사이로 들여다보곤 했다. 그런데 그는 일은 하지 않고 하는 일이란 앉아서 씨앗을 까먹으며 노래를 부르고 있었다. 여섯 날 밤이 지나고 일곱 번째 밤에도 주인은, 하지 않고, 씨앗을 까먹는 일에 열중하고 있는 것을 보았다. 불안했다. 화가 나서 혼잣말을 했다. '내일 저 아이는 다시는 그런 주문을 받을 수 없게 벌을 받게 될 거야'하고 집으로 갔다.

아침이 가까워 잠쉬드 왕자는 가게에서 나와 들에 이르러 불사조의 깃털에 불을 붙이자 불사조가 나타났다. 그는 어느 지하국의 어느 방으로 가 금으로 된 암탉과 수탉과 병아리 12마리가 있는 금 쟁반을 가지고 오라고 말했다. 불사조는 갔다. 잠시 후 그것을 가지고 돌아왔다. 잠쉬드 왕자는 가게로 가지고 갔다. 아침에 주인에게 주었다. 주인은 너무 놀라 뿔이 날14) 지경이었다. 그것을 가지고 모함마드 왕자에게 주었다. 아가씨는 그것을 보자마자 잠쉬드 왕자만이 할 수 있는 일이었기 때문에 왕자가 지하국에서 빠져나온 것을 알게 되었다. 그러나 그녀는 아무 말도 하지 않았다. 결혼식을 거행하도록 수락했다.

모두들 초대되었다. 식은 시작되었다. 잠쉬드 왕자는 불사조의 깃털에 불을 붙였다. 불사조가 오자, 지하국으로 가서 어느 방에 흰 옷과 말이 있으니 가져 오라고 했다. 불사조는 가서 가지고 왔다. 잠쉬드 왕자는 옷을 입고 말에 탔다. 결혼식장으로 갔다. 결혼식에서 신랑은 기수들과 경기를 하도록 정해 있었다. 잠쉬드 왕자는 기수들 속에 섞여 있었다. 가장 앞 설때까지 질주했다. 그러고 나서 올가미를 걸었다. 모함마드 왕자를 잡고 질질 끌면서 아버지 앞으로 데려 갔다. 그곳에서 예절 바르게 땅에 입맞춤을 하고, 얼굴에서 복면을 벗겼다. 왕은 잠쉬드 왕자를 알아보았다. 그의 이마에 입맞춤을 하고 사정을 물었다. 잠쉬드 왕자는 있었던 일을 그대로 설명했다. 왕은 모함마드 왕자와 아흐마드 왕자를 그들이 한 대로 댓가를 치르게 하려고 했다. 잠쉬드 왕자는 막았다. 용서했다. 그리하여 아름다운 약혼자와 결혼을 했다.

먹고 마셨다. 이런 일이 벌어졌다; 하늘에서 사과 3알이 떨어졌다. 한 알은 말하는 이에게, 한 알은 글 쓴이에게, 한 알은 읽는 이에게.

12과 휘테메 아가씨

오랜 옛날 휘테메라는 이름을 가진 아가씨가 있었다. 휘테메의 어머니는 죽었고, 아버지는 계모를 맞았다. 계모는 휘테메에게 못되게 굴었다. 항상 심하게 꾸짖으며 말하곤 했다:
"휘테메야, 개나 고양이는 눈뜨고 보아도, 너는 눈뜨고 볼 수 없구나."
뱀이 푸네15)를 싫어하는 것처럼 계모는 휘테메를 싫어하고 있었다. 아침부터 밤16)까지 천 가지 종류 명령과 금지를 시키고 욕을 하곤 했다. 그러나 자기 딸에게는 꽃보다 부드럽게 아무 말도 하지 않고 아무것도 손대지 않게 했다. 휘테메에게는 저녁식사에 마른 빵을 놓아 주고, 자신과 남편(아버지)과 자기 딸은 다른 방에서 맛있는 밥을 먹곤 했다.
휘테메의 아버지는 멍청한 남자로 아내가 무서워서 아무 말도 할 수 없었다.
어느 날 계모는 휘테메에게 목화 일 만17)을 주었다:
"산 위로 가 앉아서 오후까지 이걸 실로 짜 와라."
그러고 나서 또 소를 마굿간에서 꺼내 왔다:
"함께 데리고 가 풀을 먹여. 이건 네 점심이다, 어서 받아."
곰팡이가 핀 빵을 조금 손에 쥐어 주었다. 그녀는 길을 나섰다. 휘테메의 소는 일반 소가 아니었다. 인간의 말을 알고 있었다. 휘테메 어머니는 죽을 때 소에게 딸을 잘 보살펴달라고 부탁을 했었다.
휘테메는 목화를 소 등에 올려놓고 길을 나섰다. 산 위에 닿아 목화들을 앞에 놓고 실을 잣기 시작했다. 갑자기 강한 바람이 불어와 목화들을 끌고 갔다. 휘테메는 바람을 따라 달려가며 소리를 질렀다:
"어이, 바람의 날개님, 제 목화를 멀리 가져가지 마요. 계모가 나와 싸울 거예요!"
바람은 목화들을 끌고 노파의 오두막집에 갖다 놓았다. 휘테메는 오두막집 문에 이르러 말했다:
"어머님, 바람이 제 목화들을 이곳으로 가지고 왔어요. 가져가도록 허락해 주시지요?
노파는 말했다:
"애야, 들어와서 잘 살펴 보거라. 내 머리카락이 더 깨끗하니 아니면 네 엄마 것이."
휘테메는 앞으로 가 노파의 머리카락을 위 아래로 들춰보았다. 이와 서캐가 가득한 것을 보았다. 말했

---

14) 매우 놀랐을 때의 표현임.
15) 뱀이 싫어하는 풀 이름.
16) 저녁식사시기임.
17) 이란어 본문의 주를 참고할 것.

다:
"물론 할머니 머리카락이 더 깨끗하지요!"
노파는 말했다:
"좋아. 가서 갤림 구석을 들어봐라, 내 집이 더 깨끗하니 아니면 네 엄마의 집이."
휘테메는 갔다. 갤림 한 귀퉁이를 들었다. 바퀴벌레와 투구 풍덩이와 노래기 수 백 마리가 꿈틀거리는 것을 보았다. 말했다:
"이 집은 결코 저의 엄마 집과 견줄 대상일까요? 할머니 댁이 엄마의 집보다 100배 깨끗해요."
노파는 말했다:
"자 애야, 이건 네 목화다. 갖고 가거라. 도중에 세 개의 샘물을 볼 거다. 하얀 물 샘물에는몸을 담그고, 검은 샘물은 머리카락과 눈썹에 칠해라. 그리고 빨간 샘물은 입술과 뺨에 (칠해라)."
휘테메는 목화들을 가지고 가서 소 곁에 놓았다. 그리고 하얀. 검은. 빨간 샘물에 다녀왔다. 다시 소한테 왔을 때, 소는 목화들을 모두 먹고 실타래를 만들어 놓은 것을 보았다.
해가 지자 계모는 휘테메가 딴청을 부려, 왜 늦는지 보기 위해 골목어귀로 나와 있었다. 갑자기 골목 끝에서 달이 나와 온 곳을 밝게 비추는 것을 보았다. (그녀는) 하늘을 처다보았다. 달은 언제나처럼 제자리에 있는 것을 알았다. 골목 끝을 잘 보았더니 휘테메가 오는 중인 것을 보았다. 그리고 이마 한 가운데 커다란 달이 빛나고 있었다. 매우 화가 나서 미칠 지경이었다. 휘테메의 머리를 쳤다:
"지금까지 어느 무덤에 있었냐?"
휘테메는 자초지종을 말했다. 이것을 들은 계모는 생각에 잠겼다:
'내일 내 딸을 보내야 겠어.'
다음 날 해도 뜨지 않았을 때 일어났다. 신선한 빵과 맛있는 밥을 지어 손수건에 쌓아 딸에게 주었다. 목화 일 푼저18)도 함께 주었다:
"산 위로 가져 가 실을 짜라."
딸은 산 위 꼭대기까지 갈려니 피곤했다. 산 위에 드러누워 잤다. 잠에서 일어나 한 두시간 빈둥거리더니 점심을 먹었다. 목화를 짜려고 꺼냈을 때 갑자기 바람이 불어 목화를 가지고 갔다. 딸은 소리를 지르며 (길을) 따라 갔다:
"바람아, 날개가 부러져라! 내 목화를 어디로 가져 가냐?"
바람은 목화를 노파의 오두막집에 가져다 놓고 그녀를 그 길로 끌어 들이고 사라졌다. 딸은 오두막집 문에 닿아 몹시 화가 나 문을 열고 소리를 질렀다:
"어허 늙어빠진 할망구, 빨리 내 목화 줘. 아니면 무슨 일을 할 지 몰라!"
노파는 말했다:
"애야, 화 내지 마라! 안으로 들어와 내 머리카락이 더 깨끗하니 아니면 네 엄마의 것이?"
딸은 노파의 머리카락을 위 아래로 들춰 보았다. 이와 서캐가 가득한 것을 보았다. 말했다:
"어머, 많은 흙, 너무 더러워!"
노파는 말했다:
"아주 좋아. 갤림 아래가 어떤지 봐라."
딸은 갤림의 한 귀퉁이를 들었다. 투구 풍덩이와 바퀴 벌레와 노래기가 가득한 것을 보았다. 말했다:
"사람과 꼭 어울리네, 에그! 우리 엄마 집은 꽃보다 깨끗한데."
노파는 말했다:
"이제 네 목화를 가져 가. 도중에 샘물 세 개가 있을 거다. 검은 샘물에 몸을 담그고, 빨간 샘물은 머리카락과 눈썹에 칠하고, 하얀 샘물은 입술과 뺨에 (칠해라)."
딸은 밖으로 나왔다. 그리고 검은 샘물에 몸을 담그고, 빨간 샘물은 머리카락과 눈썹에 칠했다. 그리고 하얀 샘물은 입술과 뺨에.
오후에, 딸을 마중하러 골목 어귀로 나갔다. 그러나 달 대신에 머리카락과 눈썹은 빨갛고, 입술과 뺨은 희디 흰 흑인이 눈에 띠었다. 그리고 이마에는 어떤 것이 달려 있어 입 안으로 들어가 딸은 그것을 씹고 있는 중인 것을 보았다.

---

18) 이란어 본문의 주를 참고할 것.

앞으로 왔을 때, 딸을 데리고 집으로 들어가 휘테메를 흠씬 두들겨 팼다. 피곤해지자 자러 갔다. 그러나 잠이 온 단 말인가? 뱀에 물린 것처럼 연신 몸을 비비꼬고 있었다. 온 힘을 다해 생각했다. 이 일에 대해서는 전혀 감을 잡을 수 없었다. 결국 혼잣말을 했다:
"이 모든 것은 소의 머리에서 나온 거야, 소를 없애야겠어."
다음 날 머리와 얼굴을 사프란[19]으로 문질렀다. 그리고 허리에 마른 빵을 묶어 마치 아픈 것처럼 꾸미고 잤다. 집으로 돌아온 남자(남편)는 아내가 누런빛인 것을 보고 물었다:
"어떻게 된 거요?"
계모는 몸을 움직여 허리를 비틀었다. 마른 빵은 부서졌다. 마치 허리뼈가 심하게 아픈 것처럼 소리를 내고 있었다. 그러고 나서 남편에게 말했다:
"보지 못하겠어요? 온 몸 구석구석이 아프다구요. 오늘 의사에게 갔더니 내 약은 황소의 고기라고 말하던 대요."
남자는 말했다:
"다행이네, 별 일 아니군. 황소를 죽이는 골목 앞 정육점에 가서 내가 사올 게."
계모는 말했다:
"아니요. 황소 고기가 다 약이 되지는 않는대요. 의사가 말하기를 우리 집 황소이어야 된대요."
휘테메가 아무리 울고불고 애원을 해도 소용이 없었다. 아버지는 의사가 우리 황소를 어떻게 아는지 따지지 않았다.
휘테메는 마구간으로 달려갔다. 그리고 두 손으로 소의 목을 붙잡고 엉엉 울었다. 소가 말했다:
"울지 마. 내 고기가 다른 사람들에게는 모두 맛이 쓰겠지만, 네 입에는 달게 만들 거야. 넌 단지 내 뼈들을 꼼꼼히 모아 여물통아래 구멍을 파서 넣어 두고, 할 말이나 문제가 있을 때마다 와서 말해."
(그들은) 소를 죽였다. 계모는 제 상태대로 돌아왔다. 일어나 허리에 처도르를 묶고 소고기를 저녁식사로 만들기 위해 솥을 걸었다.
밤에 (그들은) 소고기를 먹기 위해서 식탁보 앞에 모두 앉았다. 첫 술을 입에서 꺼냈다. 마치 독처럼 쓰디 썼다. 계모는 빵과 치즈를 가지고 왔고, 고기들은 먹고 죽으라고 휘테메 앞에 쏟아 주었다. 휘테메는 다른 사람들이 샘을 낼 정도로 맛있게 먹고 있었다.
며칠이 지났다. 왕자의 결혼식이었다. 계모는 새 옷을 입고, 자기 딸을 데리고 가기 위해 지나치게 꾸몄다. 휘테메가 함께 데려가 달라고 아무리 해도 계모는 말했다:
"너와 왕자님의 결혼식(이라니)? 내 체면을 망가뜨릴 수는 없지 말도 꺼내지 마."
그러고 나서 둘은 결혼식장으로 갔다. 휘테메는 눈이 불 정도로 울었다. 수를 조금 놓고 있는데 갑자기 소가 한 말이 기억났다. 일어나 소의 여물통 옆으로 갔다. 뼈들을 꺼내 사정을 말했다. 백마 한 필과 하얀 옷 한 벌이 준비 되었다. 휘테메는 옷을 입고 말에 올라탔다. 하얀 옷의 한 주머니에는 금과 금화가 가득 있었다. 다른 주머니 하나에는 재가. 휘테메는 말을 몰았다. 그래서 임금님의 궁전을 향해 나섰다.
경비들은 너무나 아름다운 아가씨를 보고 놀라, 손가락을 입에 물고[20]는 앞을 막을 수 없었다.
휘테메는 안으로 들어가 춤을 추기 시작했다. 부인들과 아가씨들은 두 눈을 가지고 있었는데 다른 두 눈도 빌려[21] 휘테메의 내딛는 발과 아름다움을 구경하느라 빼앗겼다. 휘테메는 춤을 끝내고 금화들을 그들에게 던지고, 재는 계모와 딸의 눈에 던지고 밖으로 나왔다.
계모와 딸은 소리를 질렀다:
"에그머니, 눈이 멀겠어! … 저 여잘 잡아요!…."
부인들과 아가씨들은 어떻게 되었는지 보기 위해 서로 서둘러 왔을 때 휘테메는 집에 도착했다. 계모와 딸이 돌아오기 전에 (그녀는) 옷들을 벗고 뼈를 다시 묻고는 방과 마당을 청소하기 시작했다.
오후에 계모와 딸이 왔다. 겨울 구름처럼 기분이 밝지 않았다. 휘테메는 말했다:
"엄마, 무엇을 먹었어요, 뭘 봤어요 이야기 좀 해 주세요."
계모는 갑자기 말을 내뱉었다. 그러면서 (신의 응답으로) 한 가지만 들어준다면 춤추던 여자의 몸에

---

19) 노란 색을 내는 식용물감.
20) 매우 놀랐을 때의 표현임.
21) 어리둥절할 경우의 표현임.

있는 살이 몽땅 빠져 버려라 하고 저주하며 말했다:
"달과 같이 아름다운 아가씨가 왔지. 모두 손가락을 입에 넣을 정도로 춤을 췄는데, 끝에 가서는 죽일 것, 다른 사람들에게는 금과 금화를 주더니 우리들에게는 재를 던졌어. 우리 둘은 눈이 멀 뻔했다구."
휘테메는 물었다:
"그 아가씨를 (그들이) 어떻게 했어요?"
계모는 말했다:
"잡으러 갔을 땐 애석하게도 문을 나가 버렸어."
다음 날 다시 계모와 딸은 결혼식에 가기를 원했다. 휘테메는 애원했다:
"엄마, 오늘은 왕자님 결혼식이 어떤지 보게 저도 함께 데려 가세요."
계모는 그녀를 향해 소리를 질렀다:
"꺼져 가! 얼굴 좀 비치지 마! 이웃사람들 앞에서 내 체면 깎이게 널 함께 데려갈 수 없지."
계모와 딸이 갔을 때, 휘테메는 다시 소의 뼈한테 갔다. 이번에는 황마 한 필과 노란 색 옷이 준비되었다. 휘테메는 옷을 입고 말을 타고 결혼식장으로 갔다. 어제처럼 다시 금과 금화는 다른 사람들에게 던지고, 재는 계모와 딸의 눈을 향해 던지고 밖으로 나왔다. 계모와 딸이 오후에 돌아오자, 말했다:
"엄마, 무엇을 먹었어요, 뭘 봤어요 이야기 좀 해 주세요."
계모는 다시 저주와 악담을 하기 시작했다. 그리고 말했다:
"오늘도 또 그 아가씨 왔었어. 노란 옷을 입었었지. 춤을 추고 또 췄어 그러더니 결국 다시 우리 몫은 재가 였고, 다른 사람들의 몫은 금과 금화."
다음 날 다시 그들은 결혼식에 가기를 원했다. 휘테메는 말했다:
"엄마, 저도 한 번 데려 가요. 왕자님의 결혼식이 너무 보고 싶어요."
계모는 거만하게 말했다:
"내가 널 왕자님 결혼식에 데려갈 수 있는 사람이라고 생각하니? 더 이상 그런 말은 하지 마!..."
이번에는 휘테메는 빨간 색 옷을 입고, 적마를 타고 임금님의 궁전으로 갔다. 다시 춤을 추고 또 추웠다. 그리고 금화들은 다른 사람들에게 던지고, 재는 계모와 딸의 눈을 향해 던지고 밖으로 나왔다. 도중에 발이 미끄러져 금으로 된 신발 한 짝이 샘물에 빠졌다. 계모와 딸이 오기 전까지 옷들을 벗고 앉아 수를 놓았다.
계모와 딸이 돌아 왔을 때였다. 매일처럼 묻던 것을 물었고, (그들은) 했던 대로 답해 주었다.
며칠 후 임금님의 막내아들은 말에 물을 먹이기 위해 샘물로 갔다. 말은 샘물 안을 보더니 놀라 당황스러워 했다. 왕자는 말했다:
"샘물 안에 무엇이 있는지 보도록 해라."
신하들이 찾아보았다. 금으로 된 여자 신발 한 짝을 찾았다. 왕자는 신발을 보자마자 반했다(침을 흘렸다). 혼잣말을 했다:
"이 신발처럼 주인도 반드시 아름다울 거야, 꼭 찾아내어 아내로 맞아야 겠다."
신발 한 짝을 시녀들에게 주며 말했다:
"가서 온 도시를 찾아 신발 주인을 찾도록 해라."
시녀들은 길을 나서 한 집 한 집 찾아 다녔다. 여자와 아가씨가 있는 곳마다 신발 한 짝을 발에 신켜 보았다. 그러나 신발이 크지 않으면 작아 소용이 없었다. 결국 휘테메의 집 문에 이르렀다. 계모는 소식을 들었을 때, 즉시 휘테메를 화덕 안에 넣어 버리고 입구를 닫고 그 위에 닭들이 먹도록 기장쌀을 뿌려 놓았다.
왕자님의 시녀들이 문을 두드리고 안으로 들어와 말했다:
"딸을 여기로 데려 오게."
계모는 자기 딸을 앞으로 끌고 왔다. 시녀들이 신발 한 짝을 발에 신켜 보려고 꺼냈다. 딸의 발은 얼마나 큰지 발가락도 들어가지 않았다. 시녀들이 말했다:
"다른 딸은 없나요?"
계모는 없다고 맹세를 했다. 시녀들이 가려고 자리에서 일어났다. 갑자기 수탉이 울었다:

"꼬꼬댁 꼬꼬, 꼬... 꼬

　　　　　휘테메 아가씨는 화덕 안에
　　　　　그러나 아가씨의 얼굴은 빛으로 가득해
　　　　　재속에서 바느질을 하고 있다네
　　　　　꽃보다 아름다운 그림을 수놓고 있다네.”

시녀들은 닭의 울음소리가 나는 곳으로 돌아가서, 말했다:
“닭이 무엇을 노래하고 있는 거지?”
계모는 수탉의 날개를 발고 차며 말했다:
“저리 가!...”
시녀들은 닭의 울음소리가 나는 곳으로 돌아가서, 말했다: 수탉은

　　　　　“꼬꼬댁 꼬꼬, 꼬... 꼬
　　　　　휘테메 아가씨는 화덕 안에
　　　　　그러나 아가씨의 얼굴은 빛으로 가득해
　　　　　재속에서 바느질을 하고 있다네
　　　　　꽃보다 아름다운 그림을 수놓고 있다네.”

이번에 시녀들은 되돌아가 화덕의 입구덮개를 들었다. 재속에 앉아 수를 놓고 있는 햇살같이 아름다운 아가씨를 보았다. 신발 한 짝을 신켜 보았다. 아가씨의 발 크기에 맞는 것을 보았다.
기쁘게 웃으면서 왕자님에게 돌아가 사정을 말해 주었다. 왕자는 기뻤다. 수탉을 함께 데려와 있게 해야만 한다고 말했다. 일곱 낮과 밤 동안 연회를 베풀고, 도시에 유리장식을 했다. 신부를 신랑의 집으로 데려가기를 원하는 일곱 번째 밤 계모는 말했다:
“내 딸을 내가 직접 사위의 집으로 데려 가야지.”
그리하여 휘테메를 데려가는 대신 자기 딸을 데리고 갔다. 또한 휘테메의 얼굴과 머리를 검은 흙으로 문지르고 다시 화덕 안에 가두었다. 왕자가 신부를 살펴보고 신부가 바뀐 것을 알아차렸다. 신발 한 짝을 가져 오라고 말했다. 신하들이 가지고 오자 왕자는 신발이 맞지 않는 다는 것을 알았다. 바로 그 때 수탉은 다시 울었다:

　　　　　“꼬꼬댁 꼬꼬, 꼬... 꼬
　　　　　휘테메 아가씨는 화덕 안에
　　　　　그러나 아가씨의 얼굴은 빛으로 가득해
　　　　　재속에서 바느질을 하고 있다네
　　　　　꽃보다 아름다운 그림을 수놓고 있다네.”

왕자는 명령을 내렸다. 가서 휘테메를 데리고 왔다. 그리고 계모와 딸은 제멋대로 구는 노새의 꼬리에 묶어 들과 산으로 풀어 놓았다.

13과 일곱 형제

여자 형제가 없는 일곱 형제가 있었다. 어머니가 임신을 하자 형제들은 여동생을 보살피고 싶은 희망을 가지고 있었다. 어머니가 분만하고 있는 날 형제들은 사냥을 하러 숲으로 가길 원했다. (그들은) 엄마에게 칼과 가위를 주며 말했다:
“만일 어머니가 아들을 낳으면 대문에 칼을 매달아 놓아요. 그리고 딸을 낳았으면 가위를.”
그리고 나서 (그들은) 숲으로 갔다. 그들이 멀어 졌을 때, 어머니는 아이를 분만하여, 그들을 위해 예쁜 여동생을 낳아 준다22). 그러나 엄마는 실수를 해 가위대신에, 칼을 문에 건다. 형제들이 숲에서 돌

─────────────────────
22) 본문의 시제대로 임.

아왔을 때 문에서 칼을 보게 된다. (그들은) 다시 남자형제가 생겼기 때문에 불쾌해 한다. 그래서 그들은 집에 돌아가지 않기로 결정을 내린다.

이런 일이 있고 나서 여러 해가 지난다. 여동생은 크고 더 크게 자라 결혼을 할 시기에 이른다. 어느 날 딸은 친구들과 햇볕아래 앉아 있었다. 그리고 양말을 짜고 있었는데 아가씨들 중의 한 아가씨가 방귀를 꾼다. 모여 있던 아가씨들 중 한 아가씨가 말한다:

"오빠의 목숨을 걸고 맹세코 난 아니야."

다른 한 아가씨가 말한다:

"여동생의 목숨을 걸고 맹세코 난 아니야."

세 번째 아가씨가 어머니의 목숨을 걸고 맹세했다. 그리하여 각 사람마다 자신이 사랑하는 사람의 목숨을 걸고 맹세하게 되어, 일곱 형제의 여동생의 순서에 이른다. 그녀는 자신의 숫 고양이의 목숨을 걸고 맹세한다. 친구들은 모두 웃으며 (그녀의) 머리를 때리고, 말한다:

"가엾어라 넌 일곱 명의 오빠가 있는데 왜 고양이를 걸고 맹세하니?!"

여동생은 화를 낸다. 그리고 (집으로)와서 어머니에게 이런 상황을 설명한다. 그리고 어머니에게 묻는다:

"오빠가 일곱 명 있다는데 정말이에요?"

어머니는 말한다:

"그래."

그리고 일곱 오빠의 일을 설명해 준다.

어느 날 어머니가 딸에게 캴레퍼체23) 그릇을 주며 말한다:

"샘물가로 가지고 가 깨끗이 씻어라."

여동생이 닦고 있는데 까마귀 한 마리가 와서 까악까악 거리며 말한다:

"캴레퍼체 조금 나한테 줄래?"

여동생은 조금 준다. 까마귀는 다시 까악까악 울고 (또) 원한다.

여동생은 조건을 걸고 말한다:

"날 우리 일곱 오빠에게 데려다 준다면, 나머지 캴레퍼체를 다 줄게."

까마귀는 말한다:

"그래, 널 일곱 오빠에게 데려다 줄 테니 가서 줄을 하나 가져와."

여동생은 집에서 줄을 가지고 온다. 까마귀는 줄을 부리로 문다. 줄을 잡고 있는 아가씨와 함께 (하늘로) 오른다. 끌고 가고 또 가서 (지상에 있는) 일곱 오빠의 집 앞에 내려놓는다.

여동생은 집 안으로 들어간다. 집안이 엉망이고 오빠들이 없는 것을 본다. 집을 빗질한다. 그들을 위해 음식을 만든다. 그러고 나서 항아리 안에 들어가 숨는다.

오빠들이 와서 방이 깨끗하고 음식이 준비되어 있는 것을 보고 놀란다. 그들은 음식을 먹는다. 그리고 잔다. 다음날 그리고 그 다음날 역시 같은 일이 벌어진다. 3일이 지난다. 오빠들은 누가 이런 일을 하는지 (스스로) 생각한다. 사람이 하는 일이야 아니면 정령들이 (하는 일이야)?

막내 오빠가 말한다:

"형들은 자요, 누가 그러는지 내가 깨어 있을 게."

그러고 나서 아파서 잠들지 못하도록 칼로 작은 손가락을 조금 벤다. 여동생은 참지 못하고 항아리에서 나온다. 자신을 드러낸다. 그러나 일곱 오빠는 우연히 이곳으로 온 아가씨라고 추측한다. 오빠들 중의 한 오빠가 내 아내가 될 것이 틀림없다고 말한다. 다른 오빠는 아니야 내 아내가 될 것이 틀림없다고 말한다. 오빠들 마다 그녀를 자기 아내로 맞기를 원한다. 여동생은 말한다:

"부끄럽지 않아요. 전 오빠들의 동생이라구요."

그러고 나서 지금까지의 이야기를 들려준다. 여동생은 그 날 엄마가 실수를 하여 가위대신에, 칼을 대문에 걸어놓았다고 말한다.

오빠들은 매우 기뻐한다. 진정을 하고 나서 다음 날 아침 일찍 여동생에게 말한다:

"우리들은 밖에 나가야만 한다. 집과 가재들은 네 마음대로 해도 되는데, 잘 기억해 둘 것이 있구나.

---

23) 이란음식.

화로의 불은 꺼뜨리지 말고 이 건포도들도 먹지 마라. 왜냐면 고양이 것이란다. 만일 그걸 먹으면 화로의 불이 꺼지고 나쁜 일이 일어 날 테니까.”

오빠들은 길을 나선다. 여동생도 일을 하기 시작한다. 우선 모든 곳을 물과 빗질을 한다. 그러고 나서 건포도을 주기 위해 고양이를 부른다. 그러나 고양이는 전혀 기척이 없다. 여동생은 건포도을 먹고 다시 일을 시작한다. 고양이가 왔을 때 건포도가 없는 것을 알게 된다. (고양이는) 지붕으로 간다. 그리고 지붕의 구멍에서 화로 안으로 오줌을 눈다. 그리하여 (화로의)불이 꺼진다.

일을 하고 있던 중이던 여동생은 혼잣말을 한다:

“어머 어떻게, 늦었네 음식을 만들지 않았네. 오빠들이 이제 오면 배고파 할 텐데!”

화로로 가자 불이 꺼지고 연기가 나는 것을 본다. 연기가 나는 곳을 따라 간다. 추한 모습을 한 한 노파가 그곳에 서서 그녀를 보고 있는 것을 본다. 할머니는 말한다:

“아가씨, 여기로 오다니 참 놀랄 일을 저질렀네! 반지를 끼어 줄 테니 아가씨 손가락을 하나 줘. 아가씨는 왕자님의 약혼자가 됐어. 그래서 아가씨 손에 끼어 주려고 반지를 내가 가져왔거든.”

여동생은 손을 노파를 향해 내밀자, 아가씨의 손을 빤다. 여동생은 의식을 잃고 쓰러진다.

숲에서 돌아온 오빠들은 여동생이 기절해 쓰러져 있고 화로의 불이 꺼져있는 것을 본다. (그들은) 모든 상황을 알아채고, ‘전부 일러 주었는데 말을 듣지 않았구나’ 라고 혼잣말을 한다.

여동생을 정신차리게 하고 나자, 오빠들에게 상황을 설명한다.

오빠들은 여동생에게 내일 밀반죽을 하고 빵 굽는 화덕의 불을 피우고, 할머니가 와서 빵을 원하면 밀반죽이 거의 다 될 즈음 나머지 빵을 내가 만들겠다고 말하고 나서 화덕 곁으로 가 할머니를 화덕 안으로 밀어 넣어 버리라고 가르쳐 준다.

다음 날 여동생은 오빠들의 명령을 모두 낱낱이 그대로 했다. 그래서 할머니를 화덕 안으로 넣었다. 그 후로 오랫동안 수년을 함께 잘 살았다.

14과 인(人.) 반인(半人.) 비인(非人)

옛날 오랜 옛날 <인(人)>, <반인(半人)>, <비인(非人)>이란 이름을 가진 세 남자가 있었다. 세 사람은 일을 하기 위해 살고 있는 곳에서 먼 곳으로 떠나기로 결정을 내린다. 그리고 (그들은) 각각 빵을 갖고 떠난다. 얼마를 가다 그들은 배가 고프게 된다. 그래서 빵을 먹기 위해 앉는다. <인(人)>은 음식을 담은 식탁보를 편다. 그러자 다른 두 사람은 식욕을 다해(가진 먹성으로) 빵을 먹는다. 빵을 먹은 후, 세 사람은 출발한다. 다시 얼마를 간다. 그리고 다시 (그들은) 배가 고프게 된다. 이번에, <반인(半人)>이 (갖고 있던) 빵의 반을 가지고 오자, (세 사람은) 먹는다. 그러나 (여러분) 세 번째 멈춘 곳에 대해 들어 보세요. 세 번째 발을 멈춘 곳에서 그들은 배가 너무 고프게 된다, 그러나 <비인(非人)>은 빵을 주지 않고 말한다:

“난 말이야 너희들을 위해서 빵을 가져온 게 아니야. 날 위해서지, 아무것도 주지 않을래.”

<인(人)>은 너무 놀라고 당황스러워서 동그래진 눈으로 쳐다본다. 빵을 반 남겨 놓았던 <반인(半人)>은 <비인(非人)>과 함께 간다. 그리고 (두 사람은) <인(人)>을 혼자 남겨 둔다.

둘이 가버렸기 때문에 <인(人)>은 광야에 홀로 남았다. 가고 또 갔다, 잠시 후 광야의 한 가운데에서 오두막집을 찾게(보게) 되었다. 그리하여 안으로 들어갔다. 잘 살펴보았더니 오두막집은 맹수들이 사는 곳이라는 것을 알게 되었다.

이제 해가 져 맹수들이 오두막집으로 돌아올 시간, <인(人)>은 무서워서 지붕으로 올라갔다. 맹수들이 하나씩 하나씩 들어왔다. 그리고 <인(人)>은 지붕에서 그것들을 보고 있었다. 동물들은 들어오자마자 집에서 인간냄새가 나는 것을 알았다, 그러나 아무도 볼 수 없었다(사람이라고는 없었다). (그들은) 아마 사람이 오두막집 안으로 들어왔다가 나갔기 때문에 그 냄새가 남아있다고 결론을 지었다. (그들은) 개의치 않고 (그들이)보았던 것과 들었던 것을 모두 이야기하기 시작했다. 곰은 오두막집 벽에다 등을 대고 긁으며 굵은 소리로 말했다:

“아무 아무(某) 낡은 방앗간의 방아 돌 아래, 금화가 있는 큰 솥이 묻혀 있단다. 만일 그것이 어디 있는지 장소를 알면 그걸 가져갈 수 있겠지.”

<인(人)>은 그 말을 듣고 미소를 지었다. 표범은 빛나는 눈으로 모든 맹수들을 쳐다보며 말했다:

“친구들이여! 아무 아무(某) 나무뿌리 아래 동전이 있는 큰 통이 묻혀 있는데 매일 아침 고슴도치가 와서 그 위에 앉아 있단다.”

<인(人)>은 기뻐서 귀를 기우려 들었다.

늑대는 소리 내어 울더니 말했다:

“강 가까이 오래된 공중탕에 물을 끓이는 금으로 된 검은 솥이 있는데 아무도 모른단다.”

<인(人)>은 이야기를 다 듣고 잠시 몸(자신)을 움직였다. 동물들은 다시 인간냄새를 맡고(느끼고) 말했다:

“사람이 지붕 위에 있는 게 틀림없어.”

<인(人)>은 무서웠다. 그리고 숨을 죽였다. (그는) 이제 곧 곰이 지붕으로 닿을 것이라고 느꼈다(올 것을 알아차렸다). 그는 무서워서 손을 배낭으로 가져가 나팔을 꺼내 불기 시작했다. 곰은 나팔 소리를 듣고 무서워, 사다리에서 떨어졌다.

<인(人)>은 기뻤다. 그리고 이번에는 더욱 힘차게 나팔을 불었다. 맹수들은 나팔 소리 때문에 서로 몸을 부딪치며 어쩔 줄 몰라 하는 사이 오두막집의 문도 닫혀 버렸다. 아직 무서움을 떨치지 못한 <인(人)>은 아침까지 나팔을 불었다. 우연히 천, 보석 그리고 비싼 가격의 물건들을 실은 낙타 30마리를 이끄는 대상인이 오두막집 근처를 지나고 있었다.

낙타몰이꾼은 오두막집 안에서 시끄러운 소리가 나는 것을 알아채고 호기심이 났다. 그리하여 오두막집 문을 열었다. 몹시 무서웠던 동물들은 재빨리 오두막집을 나와 줄행랑을 쳤다.

<인(人)>은 지붕에서 내려왔다. 눈살을 찌푸리며 화가 난 굵은 목소리로 낙타몰이꾼에게 말했다:

“이 양반아!(때마침 합당한 일을 한 남자여!) 임금님에게 답을 어떻게 하길 원해?”

낙타몰이꾼은 파랗게 질려 더듬거리며 물었다:

“내가 어떤 죄를 저질렀단 말이요?”

“무슨 죄냐? 왜 동물들을 도망가게 했소!?”

가엾은 낙타몰이꾼은 놀라서 <인(人)>을 쳐다볼 뿐 이었다. 그러자 <인(人)>은 눈썹을 찡그려 불쾌함을 나타내며 바로 그 굵은 목소리로 계속 했다:

“임금님은 이 맹수들에게 춤과 놀이를 가르치라고 내게 맡기셨다구, 그런데 자네가 지금 도망가게 했단 말이야.”

낙타몰이꾼은 임금님이 두려워서 짐 중에서 괜찮은 것을 얼 만큼 <인(人)>에게 주고 재빨리 그곳을 떠났다. <인(人)>은 얼마 후 방앗간으로, 나무와 공중탕으로 가서 맹수들이 말했던 것을 찾아냈다. 돈을 주고 일구지 않은 바로 그곳의 땅들을 개간하여 번영시키기로 결심했다. 얼마 지나지 않아 그에 대한 명성이 온 동네에 퍼졌다.

<반인(半人)>과 <비인(非人)>도 일과 도움을 얻기 위해 그에게 왔다. 그러나 (그들은) <인(人)>을 알아보지 못했다. <인(人)>은 그들을 알아보았다. 그리고 자신을 (그들에게)소개했다. <비인(非人)>은 물었다:

“좋아, 어떻게 이렇게 짧은 시간에 부자가 된 거요!?”

<인(人)>은 대답했다“:

“난 자네처럼 야비한 인간이 아니야, 그러니 내 비밀을 다 말해 주겠어.”

그리고 지금까지 있었던 일을 모두 들려주었다. <인(人)>은 (다른 것에 대해서는 아무것도) <비인(非人)>을 도와주지 않았다. 그러나 <반인(半人)>은 도와주며 말했다:

“자네는 바로 이곳에서 일할 수 있네, 왜냐면 난 자네의 **빵과 소금**을 먹었으니까 말이야.”

<비인(非人)>은 빨리 부자가 되고 싶은 열망에 오두막집으로 갔다. 그리고 지붕으로 가서 기다렸다. 점점 어두워지기 시작했다. 맹수들은 하나씩 하나씩 돌아 왔다. 그리고 사람냄새를 집 안에서 알아차렸다. (그들은)경험했던 터라 재빨리 소리 없이 지붕으로 갔다. 그리고 <비인(非人)>이 나팔에 손을 대기도 전에 오두막집 바닥에 던져 갈기갈기 찢어 버렸다.

이러했다: <인(人)>은 사람이 되었다. <반인(半人)>은 반만 죽었다. 그리고 <비인(非人)>은 죽었다[24].

---

24) 본문의 뉴앙스상 직역을 함. 의역을 하면, 사람다운 사람은 사람이 되었고, 반 만 사람다운 사람은 반 만 죽었고 사람답지 못한 사람은 다 죽었다.

아내와 딸 하나를 가진 어부가 있었다. 어부는 바다로 가서 물고기를 잡아 시장에서 팔아 생활을 꾸려 나가고 있었다. 어부의 딸은 서당의 여선생 밑에서 공부를 하고 있었다. 여선생은 딸의 아버지에게 마음을 갖고 있었다25). 그래서 딸에게 계속 강요했다:

"네 아버지가 날 데려가도록 어떻게 해 봐라."

딸은 여선생의 요구를 아버지에게 말했다. 그러나 두 여자를 부양할 수 없었던 어부는 거절하는 답을 주었다. 딸은 가서 아버지의 대답을 분명히 전했다. 그렇지만 여선생님은 단념하지 않고 더 해 갔다. 어느 날 딸에게 말했다:

"어서, 일어나. 이 사발을 집으로 가지고 가서 네 어머니에게 주고 항아리 안에 있는 식초의 찌꺼기를 담아 달라고 하고 엄마가 항아리로 갔을 때 안으로 밀어."

딸은 사발을 들고 집으로 와 여선생이 원했던 대로 했다. 그러고 나서 서당으로 돌아갔다.

오후가 되어 딸은 집으로 돌아갔다, 아버지가 물었다:

"네 엄마는 어디 있니?"

둘은 찾아 다녔다. 그러자 (그녀가) 항아리에 (머리를 박고) 발을 뻗히고 질식한 것을 보았다. 어머니는 죽었던 것이었다. 여선생은 딸을 통해 어부에게, 당신의 딸을 돌보고 잘 키우도록 자신과 결혼을 하라고 전갈을 보냈다. 어부는 흡족해 하며 여선생과 결혼하여 집으로 데리고 왔다.

10, 15일 동안은 딸과 잘 지냈다. 그러나 그 이후로 차츰차츰 나쁘게 행동26)을 하기 시작했다. 아버지가 물고기를 집으로 가지고 오는 날이면 여선생은 딸에게 물고기들을 바다에 나가 씻어오라고 주는 것 이었다!

어느 날 딸이 물고기를 씻고 있었는데 한 마리가 손에서 미끄러져 바다 속으로 들어갔다. 딸은 울기 시작했다:

"계모(아빠의 아내)가 날 죽일 거야."

딸은 흐느껴 울던 중 큰 물고기 한 마리가 머리를 물 밖으로 내밀고 있는 것을 보았다. 입에 물고기 한 마리를 물고 있더니 그것을 땅 위로 던져 놓고는 말했다:

"이것은 물에 빠뜨렸던 물고기 대신이다. 이제부터 앞으로 엄마처럼 널 보살펴 주마. 자 이제 널 위해 점심을 가져 올 테니 앉아 있어라."

물고기는 물 안으로 들어갔다. 밥 한 그릇을 가지고 나와 딸에게 주며 말했다:

"나에게 일이 있을 때마다 '물고기 엄마!' 라고 부르렴. 그럼 내가 곧 나올게."

어느 날 계모는 연회에 가길 원했다. 그리고는 가서 학생들의 때 묻은 옷들을 가지고 와 딸 앞에 쏟아 놓았다:

"내가 돌아올 때까지 빨아. 방도 청소해라."

딸은 옷들을 들고 눈물을 흘리면서 바다로 갔다. 물고기 엄마를 불렀다. 물고기 엄마는 이야기를 듣고 나서는 옷들을 바다 속으로 가지고 갔다. 그러고 나서 아름다운 옷 한 벌을 가지고 돌아왔다. 그것을 주며 말했다:

"이 옷을 입고 너도 연회에 가거라. 아무도 널 모르게 해라."

딸은 연회로 갔다. 손님들은 모두들 딸을 눈여겨보았다. 연회에서 돌아올 때 시내를 건너기 위해 갔다. 신발 한 짝이 물 안에 빠졌다. 물은 신발을 에스화헌으로 끌고 갔다. 사람들은 그곳에서 신발을 주어 압버스 왕에게 가지고 갔다. 신발을 본 왕자는 보지는 못했지만 신발 주인을 사랑하게 되었다. 왕의 명령으로 신발 주인을 찾기 위해 한 사람을 보냈다.

명을 받은 신하는 가고 또 가서 어부의 집 문에 이르렀다. 여선생은 자신의 딸에게 신발을 신켜 보기 위해 데려왔다. 얼마나 발이 컸는지 그만 신발이 찢어졌다. 신하는 말했다:

"아니요. 신발은 아가씨의 것이 아니오."

---

25) 직역을 하면, '딸의 아버지의 청혼자였다'임.
26) 본문은 명사이지만 문맥상 부사로 옮김.

여선생은 어부의 딸을 불렀다. 딸은 왔다. 신발에 발을 넣자 신하는 바로 이 아가씨가 신발 주인이라는 것을 알아차렸다. 소식을 왕에게 전했다. 역시 딸에게 청혼을 했다. 지참금이 없는 딸은 에스화헌과 왕의 궁전을 향해 가고 있는데, 어느 순간 그녀의 뒤를 보자 낙타 일곱 마리가 혼수를 등에 싣고 뒤를 따라 오고 있는 것 이었다. 낙타마다 등 위에 하녀가 앉아 있었다. 신부가 술탄의 거처 안으로 들어갔을 때 혼수를 실은 낙타 일곱 마리도 들어갔다. 사람들은 말했다:
"누구 것이지?"
사람들은 들었다:
"신부27)의 것이다."
신하들이(우리들이) 아가씨에게 청혼을 했을 때 계모는 줄 것이 아무것도 없다고 말했지만 지금 낙타 일곱 마리와 하녀 일곱 명이 들어오고 있다고 왕에게 기별을 전했다. 신발 한 짝도 낙타들 중 한 마리의 짐 안에 있다. 왕은 딸을 불렀다. 딸은 자신이 겪은 일을 전부 압버스 왕에게 설명했다.
다음 날 압버스 왕은 딸을 데리고 함께 바다로 갔다. 딸은 불렀다:
"물고기 엄마!"
물고기는 머리를 물 밖으로 내밀었다. 딸은 사실을 왕에게 말해 주기를 원했다. 물고기는 말했다:
"저는 요정나라의 공주입니다. 물고기의 껍질을 쓰고 있었는데 아가씨의 아버지 그물에 걸렸답니다. 그런데 아가씨로 인해 살아나게 되어 도와주기로 다짐을 했지요."
왕은 딸을 궁으로 데리고 왔다. 그런 후 계모에게 사람을 보내 말했다:
"딸은 아이였지만, 넌 어른이었는데, 이제 지하 감옥에 쳐 넣을까 아니면 교수형에 처할까?"

16과 바늘 도둑이 소 도둑 된다

옛날 어머니와 아들이 있었다. 어린 아들이 아직 어렸을 적 어느 날 이웃집에서 달걀 하나를 훔쳐 가지고 와서 어머니에게 주었다. 어머니는 이런 일은 나쁜 것이라고 아들에게 아무런 말도 하지 않고 받았다. 어린 아들은 이런 상태가 습관이 되었다. 며칠이 지나서 닭 한 마리를 훔쳤다 그리고 마침내 무서워할 줄 모르는 능숙한 유명한 젊은 도둑이 되었다.
그 도시에 많은 낙타를 가진 왕이 있었다. 낙타들 중에 세상에 견줄 수 없는 낙타가 한 마리 있었다. 어느 날 아들은 왕의 낙타들 중에서 이 낙타를 보게 되었다. 낙타가 좋았다. 그는 두려움 없는 도둑이었기 때문에 그것을 훔치기로 다짐했다. 그러나 왕의 낙타을 많은 감시병들이 감시하고 있다는 것은 몰랐다.
밤에 낙타를 훔치기 위해 갔을 때, 왕의 감시병에게 붙잡히고 말았다. 다음 날 왕은 백성들의 마음을 졸이게 한 도둑을 교수형에 처하라고 명령을 내렸다. 교수대에서 도둑에게 물었다:
"할 말이 있는가?"
젊은이는 마지막 순간에 (그의) 어머니가 보고 싶다고 한다28). 그의 어머니를 데리고 오자 그는 어머니에게 말한다:
"어머니! 엄마는 나 때문에 고생을 많이 했기 때문에 마지막 이 순간에 어머니의 혀에 입맞추고 싶어요."
어머니도 울면서 아들이 입을 맞추라고 혀를 밖으로 내밀었다. 아들은 이로 엄마의 혀를 잡아 뽑는다. 물론 엄마는 기절한다. 모두들 도둑이 한 일로 놀란다. 왕은 아들이 한 행동에 대해 묻는다.
남자는 대답한다:
"만일 제가 달걀을 훔쳤던 첫 번째 날 어머니가 친절하게 대하지 않고 나쁜 일을 한다고 말했더라면 지금 교수대에 묶일 낙타 도둑은 되질 않았을 텐데요."
왕은 남자의 말을 매우 좋아한다. 그리고 그를 용서하고, 그 대신 엄마를 교수형에 처한다.

17과 밟지만 모른척29)!

---

27) 본문에는 '아가씨 혹은 딸'로 있으나 문맥상 '신부'로 함.
28) 이 부분부터 현재형이기 때문에 번역상 부자연스럽지만 원문대로 함.
29) 활용되는 상황으로 의역한 것 임.

사람들은 유명한 학자인 이븐 씨너30)가 길런 왕에게 가던 그 시기, 산과 들에서 방랑자가 된 적이 있었다고 전한다.
한 남자가 길에서 그에게 와서 말했다:
"선생이시여, 이 근처에서 낙타 한 마리를 보았소?"
이븐 씨너는 말했다:
"눈 한 쪽을 못 보는 낙타 말이요?"
남자는 말했다:
"그렇소"
이븐 씨너는 말했다:
"당밀과 식초를 실은 낙타 말이요?"
남자는 말했다:
"그렇소"
그러고 나서 말했다:
"탄 사람이 아이를 밴 여인이었던 낙타 말이요?"
남자는 급하게 말했다:
"맞아! 맞아! 선생이시여, 어느 쪽으로 갔는지 말해 보시오."
학자는 말했다:
"난 못 봤소!"
남자는 학자의 멱살을 잡고 도시의 영주에게 끌고 가 말했다:
"이 선생은 내 낙타가 어떻게 생겼는지 다 알고 있으면서도 낙타를 보지 못했다고 부인을 하고 있습니다."
바로 그 때 한 여인이 베란다 앞을 지나갔다. 이븐 씨너는 영주에게 말했다:
"베란다 앞을 지나간 저 여인을 치료하러 갈 수 있도록 허락해 주십시오."
영주는 신하를 동반해 그를 보냈다. 이븐 씨너는 여인을 뒤 따라 갔다. 여자는 어떤 집에 닿아, 문을 두들기더니 안으로 들어갔다. 그리고는 쓰러졌다. 집안사람들은 여인의 주위에 모여 들었다. 이븐 씨너는 문을 두드리고 집 안으로 들어갔다. 그리고는 바늘을 한 개 원했다. 바늘을 여인의 심장아래에 찔렀다. 그러자 여자는 원기를 회복했다.
이븐 씨너는 신하와 함께 영주에게 돌아왔다. 영주는 말했다:
"선생, 어디 갔다 온 것이요?"
이븐 씨너는 말했다:
"그 여인은 임신을 하고 있었습니다. 그런데 목욕탕 (욕조)에 너무 오래 있었기 때문에 배 속의 아이가 불편해졌던 것입니다. 아이는 엄마의 심장에 압력을 가해 엄마의 심장 박동이 느려지고 있었습니다. 바늘로 여자의 심장 아래를 찔렀습니다. 그랬더니 아이가 엄마의 심장 아래에서 손을 빼서 죽음에서 구해 낼 수 있었습니다."
영주는 물었다:
"그대가 이븐 씨너인가?"
학자는 말했다:
"네"
그러고 나서 영주는 물었다:
"남자의 낙타를 어떻게 본 것이요?"
이븐 씨너는 말했다:
"낙타를 보지 못했습니다."
(그는) 말했다:
"그럼 낙타가 어떻게 생겼다는 것은 어디서 알게 되었단 말이요?"

---

30) 서기력 11세기의 유명한 의학자로 실존 인물임.

(그는) 말했다:

"낙타가 지나갔던 곳은 오로지 한 쪽 편의 풀들만 먹어 버렸습니다. 그것을 보고 낙타는 눈이 하나밖에 없다는 것을 알았지요. 그리고 낙타가 지나갔던 길에는 파리와 모기가 많았습니다. 그것을 보고 낙타의 짐은 당밀과 식초였다는 것을 알았지요. 그리고 낙타의 무릎이 밟은 곳에는 낙타에 탄 사람이 손과 발 4개로 낙타 등에서 내려와 다시 올라탔습니다. 그것을 보고 임신을 한 사람인 것을 알았지요. 임신은 틀림없이 여자가 할 수 있지 남자는 못하잖습니까."

영주는 이븐 씨너의 총명함에 대하여 잘 했다고 (칭찬을)하고 그에게 존경을 표하며 말했다:

"선생이여 나와 함께 (이곳에) 있게, 알긴 알지만 보진 못했단 말이지."

그리고 나서 영주는 이븐 씨너를 길런의 왕에게 소개했다.

18과 말로 낸 상처는 칼로 낸 상처보다 오래 간다

오랜 옛날 숲 속의 한 오두막에 아내와 함께 사는 한 나무꾼이 있었다. 나무꾼은 매일 도끼를 가지고 숲으로 가 장작을 모았다. 어느 날 한창 일을 하고 있는데 울음소리가 들렸다. 그는 소리 나는 쪽으로 갔다. 풀 속에 빠져 다리 한 쪽이 부어 오른 사자 한 마리를 보았다. 스스로 용기를 내어 앞으로 다가 갔다. 사자는 말을 건넸다:

"여보게 내 다리에 가시가 하나 박혀 곪았네. 와서 날 도와줘, 가시를 발에서 좀 뽑아 주게."

남자는 앞으로 다가가 가시를 사자의 다리에서 뽑아 주었다. 이 일이 있은 후 사자와 나무꾼은 친구가 되었다. 사자는 나무를 패는 일로 나무꾼을 도와주곤 했다. 나무꾼은 그것들을 마을로 가지고 갔다. 어느 날 나무꾼은 사자에게, 좋아하는 음식을 아내가 만들어 줄 테니 자신의 집으로 가기를 원했다. 처음에는 응낙하지 않고 말했다:

"너희들은 인간이고, 난 동물이야. 인간과 동물의 우정은 역시 어울리지 않아."

그러나 남자는 사자가 집으로 오는 것을 수락할 때까지 끈질기게 권했다. 그리고 사자를 위해 캬레퍼체를 만들라고 했다. 그들은 (사자가 온 날) 식탁보에 둘러앉았다. 사자는 캬레퍼체의 국물을 입술에서 턱으로 흘리면서 먹고 있었다. 나무꾼의 아내는 이런 모습을 보자 얼굴을 돌리고 남편에게 말했다:

"이봐요, 당신이 데려온 이 자 도대체 누구예요?"

사자는 이 말을 듣고 고함을 지르며 남자에게 말했다:

"여보게! 내가 말했잖아 난 동물이고 너희는 인간이라 우리들의 우정은 어울리지 않는다고?
자 이제 일어나 도끼를 들고 온힘을 다해 내 머리의 정수리를 내려 쳐!"

남자는 말했다:

"그렇지만 넌 친구인 걸."

사자는 말했다:

"여보게! 우리가 함께 먹은 빵과 소금을 걸고, 네가 때리지 않으면 너 뿐 아니라 네 아내도 찢어 버릴 거야."

남자는 사자가 무서워서 도끼를 들었다. 그리고 할 수 있는 힘을 다해 강하게 사자의 머리를 쳤다.

사자는 머리가 갈라지고 나서 갔다. 그는 더 이상 숲으로 가지 않았다.

어느 날 혼잣말을 했다:

"될 대로 되기를! 사자가 죽었는지 살았는지(아닌지) 보러 가야겠어."

남자는 숲에 이르러 사자를 만났다. 말했다:

"친구, 아직 살아있구나!?"

사자는 말했다:

"잘 보고 있지. 네가 도끼로 낸 상처는 다 나아 살아 있어 그렇지만 네 아내가 말로 낸 상처는 아직 좋아지지 않았고 (앞으로도 좋아지지) 않을 거야. 그렇기 때문에 너도 가. 더 이상 여기서 널 보면 안 돼. 만일 앞으로 널 보게 되면 난 갈기갈기 찢어 버릴 거야!"

19과 선행의 끝이 해악

어느 날 한 양치기는 들에서 양들을 위해 좋은 풀밭을 찾아다니고 있던 중 이었다. 그런데 숲 속에 불이나 뱀 한 마리가 불 속에 있는 것을 보고, 혼잣말을 했다:
"뱀을 불 속에서 구해 주는 게 좋겠는걸."
그는 가서 뱀을 잡아 망태에 넣었다. 그리고 불을 지나갔다. 갑자기 뱀은 망태에서 머리를 들고 나와 말했다:
"죽음을 인정해, 널 물고 싶으니까."
가엾은 양치기는 말했다:
"좋아, 그게 바로 내가 해 준 것에 대한 보상이니? 자, 다른 존재물 셋에게 물어 보러 가자. 만일 선행을 베푼 것에 대한 보상이 해악이라고들 말하면 날 물어. 그렇지 않으면 망태에서 나와 가 버려."
뱀은 말했다:
"아주 좋아"
둘은 가고 또 가서 한 시내에 닿았다. 양치기는 물에게 물었다:
"선행을 베푼 것에 대한 보상이 해악이니?"
물은 말했다:
"응, 맞아."
양치기는 물었다:
"왜?"
물은 말했다:
"넌 나로 밭을 경작하잖아. 그리고 물을 먹고 나서 손과 얼굴을 닦고는 입안의 물을 나한테 뱉어 버리잖아."
가엾은 양치기는 이곳에서 한 번 패배를 하고 실망했다. 뱀이 말했다:
"한 번 물어본 것은 (네가) 진 것 알지, 다른 두 번을 물으러 가자."
양치기는 길을 나섰다. 그리고 나무 한 그루에 이를 때까지 갔다. 양치기는 나무에게 물었다:
"선행을 베푼 것에 대한 보상이 해악이니?"
나무는 말했다:
"응, 맞아."
양치기는 다시 마음이 철렁했다. 그리고 물었다:
"왜?"
나무는 말했다:
"너희들은 나인, 나무 아래로 와서 나의 그늘에서 휴식을 취해. 그리고 내 열매를 먹고, 내 잎사귀를 너희 양들에게 주지. 그리고 결국에는 손에 드는 나무 막대기를 만들기 위해 내 가지를 꺾어 버리잖아."
양치기의 희망이 꺾인 그곳에서 뱀은 말했다:
"두 번 물어본 것은 다 졌어 봤지. 한 번 남았을 뿐이다."
양치기는 길을 나섰다. 가고 또 가서 여우에게 갈 때까지 갔다. 양치기는 여우에게 말했다:
"여우 선생, 말해 보게 선행을 베푼 것에 대한 보상이 해악인가?"
여우는 말했다:
"문제의 본질을 알고 나서 말할 게."
양치기는 숲 속에 불이 나서 뱀을 꺼내 준 이야기를 여우에게 설명했다. 여우는 혼자 어떤 생각을 하더니 말했다:
"우선 네가 뱀을 망태에 넣고 뱀은 어떻게 망태 안으로 갔는지 봐야겠어. 자 이제 뱀을 망태에 넣고 땅에 내려 놔. 그리고 뱀은 다시 한 번 내가 볼 수 있게 망태 안으로 들어가 봐. 그래서 내가 판정을 내리도록 나와 봐."
뱀은 망태에서 나와, 망태 안으로 들어가자마자 여우는 말했다:
"뱀을 구해 주지 마. 선을 베풀었는데 그 댓가가 악이라니 돌로 쳐 죽여, 어서. 그리고 내 말 잘 들어 배은망덕한 놈은 조심해."

오랜 옛날 옛적, 매우 성격이 고약하고 매사에 투정을 하는 휘테메라는 이름을 가진 아내를 둔 남자가 있었다. 사람들은 그녀를 "수다쟁이 휘테메"라 알고 있었다. 남편을 얼마나 괴롭히고 잔소리를 하는지 남편은 불평과 수다로부터 벗어나기 위해 그녀를 없애기로 결심하게 되었다.

어느 날 들로 나가 웅덩이 하나를 알아두고, 휘테메에게 말했다:

"어서 일어나 구경하러 가자."

그리고 휘테메를 데리고 들로 가 그녀가 알아차리지 못하게 웅덩이 위에 돗자리를 덮어 두고 말했다:

"자 와 앉아."

휘테메가 돗자리 위에 발을 대자 웅덩이 안으로 빠졌다. 남편은 수다쟁이 휘테메의 재앙에서 벗어났다.

2. 3일이 후 휘테메의 남편은 그녀가 살았는지 죽었는지 보기 위해 웅덩이 입구로 갔다. 그런데 뱀 한 마리가 웅덩이 안에서 소리를 지른다:

"날 이 여자의 투덜대는 소리에서 구해 줘. 그럼 많은 돈을 줄게."

휘테메 남편은 바구니를 줄에 매달아 웅덩이 안으로 넣어 뱀을 꺼냈다. 뱀은 밖으로 나오자 말했다:

"네게 줄 돈이 없소. 내가 가서 영주님 딸의 목을 감고 누가 와도 풀어주지 않을 테니 자네가 오게. 그 때 많은 돈을 받고 날 풀어."

뱀은 가서 영주의 딸의 목을 감았다. 뱀을 풀려고 사람들이 왔지만 뱀 가까이 갔을 때는 뱀에게 손을 댈 용기도 없었다. 휘테메의 남편이 와서 말했다:

"금화 천 냥을 주면 뱀을 내가 풀겠소."

그리고 가서 뱀에게 말했다:

"뱀아, 영주님 딸(의 목)을 풀어 줘."

뱀은 목을 풀었다. 그리고 휘테메의 남편에게 말했다:

"더 이상 나하고는 볼 일이 없는 거야."

그리고 가서 다른 영주의 딸의 목을 감자, 다시 사람들은 소리 높여 알렸다.

"아가씨(영주님의 딸)의 목에서 뱀을 푸는 사람은 금화 천 냥을 상금으로 받을 거요."

뱀을 풀려고 사람들이 왔지만 할 수 없었다. 그러자 사람들은 이렇게 말했다:

"얼마 전에 아무개 영지의 영주님 딸의 목에 감긴 뱀을 어느 사람이 풀었대요."

영주의 명령으로 휘테메 남편을 찾아가서 말했다:

"와서 뱀을 풀고 금화 천 냥을 받게."

휘테메 남편은 서둘러 뱀에게 갔다, 뱀이 말했다:

"더 이상 나하고 볼 일이 없다고 내가 말하지 않았던가?"

휘테메 남편은 말했다:

"왜 아니야 맞아."

뱀은 말했다:

"좋아, 그럼 왜 여길 왔지?"

"수다쟁이 휘테메가 이곳으로 오고 있는 중이라 네게 알려 주려고 왔지!"

뱀은 수다쟁이 휘테메라는 이름을 듣자마자, 무서워서 아가씨의 목을 풀고 가버렸다. 영주를 에워싸고 있던 사람들은 놀라 말했다:

"여보시오! 수다쟁이 휘테메가 오고 있는 중이라고 말하자 재빨리 뱀이 풀고 갔는데 여기 무슨 비밀이 담겼는가?"

(그는) 말했다:

"휘테메라는 이름의 아내가 있었는데, 얼마나 성질이 고약하고 말이 많은지 사람들은 모두들 수다쟁이 휘테메 불렀소. 이 여자가 너무 괴롭혀서 난 어느 날 웅덩이 속에 넣어버렸지. 웅덩이 안에 이 뱀도 휘테메 때문에 질려버린, 여러분이 본 바로 그 뱀이었소. 어느 날 휘테메가 살았는지 죽었는지 보러 갔었소. 그런데 뱀 한 마리가 웅덩이 바닥에서 이 여자의 투덜거리는 소리에서 구해주면 많은 돈을 주겠다고 소리를 지르는 것을 보았소. 난 뱀을 구해 주었지. 올라 왔을 때 돈이 없다고 하며, 영주님 딸

의 목을 감고 있을 테니 나보고 와서 풀고 돈을 가지라는 거야. 지금 이 뱀이 바로 그 뱀이었소. 그리
고 풀지 않기에 수다쟁이 휘테메가 오는 중이라고 하니 휘테메의 수다가 무서워서 풀고 간 것을 여러
분이 본 것이요."